WIR HABEN
DIE MACHT
Handbuch fürs Einmischen
in Politik und Gesellschaft

Wir produzieren nachhaltig

- Klimaneutrales Produkt
- Papiere aus nachhaltigen und kontrollierten Quellen
- Hergestellt in Europa

FSC
www.fsc.org
MIX
Papier | Fördert gute Waldnutzung
FSC® C002795

Völckersstraße 14–20, 22765 Hamburg
Texte: Ulrich Wickert, Ariane Heimbach, Bundeszentrale für politische Bildung
Redaktion: Ariane Heimbach, Frank Kühne
Umschlag- und Innenseitengestaltung: Kerstin Schürmann, formlabor
Produktionsmanagement: Anja Bergmann
ISBN: 978-3-551-25155-8

WIR HABEN DIE MACHT

Ulrich Wickert

Handbuch fürs Einmischen in Politik und Gesellschaft

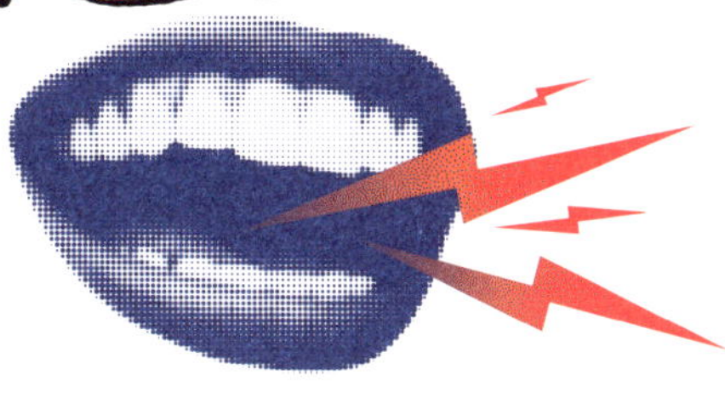

Mit Beiträgen von
Emily Vontz,
Sherif Rizkallah
Olaf Scholz
Reem Alabali-Radovan
Gregor Gysi
Pauline Brünger
Max Mordhorst
Ronja Kemmer
Staiy
Jamie Christophersen
einer Hamburger Schulklasse
und vielen anderen

CARLSEN

INHALT!

Lies. Lies. Lies. Lies.

VORWORT

Schon in der Schule hatte ich Lust mitzumachen. Ich wollte nicht einfach jemand sein, mit dem man machen konnte, was man wollte, sondern ich wollte mitwirken. Als ich etwa fünfzehn Jahre alt war, habe ich in der Schule die Schülerzeitung übernommen. Da konnte ich mitbestimmen, was gedruckt werden würde. Und vielleicht weil wir einen sehr guten Geschichtslehrer hatten, habe ich mich für Politik interessiert und an dem Internat, in das ich in den beiden letzten Schuljahren ging, eine „Politische Arbeitsgemeinschaft Oberschulen" gegründet.

Dort haben wir erst einmal diskutiert, was uns an der Schule selbst störte und was verbessert werden sollte. Da habe ich gelernt, was das politische Handwerk im Kleinen bedeutet.

Als ich studierte, hatte ich das Glück, ein Stipendium, für das ich mich beworben hatte, für eine Universität in den USA zu erhalten. Ich habe dann in Amerika gelernt, dass Studenten sich für ihre Interessen einsetzten und auch demonstrierten. Sie wurden von ihren Professoren ernster genommen, als ich es in Deutschland erlebt hatte.

Und zu dieser Zeit war in den USA ein junger Präsident gewählt worden: John F. Kennedy. Er hat in seiner Antrittsrede einen Satz gesagt, der mir zum Lebensmotto geworden ist. Kennedy forderte: „Frage nicht, was dein Land für dich tun kann, sondern was du für dein Land tun kannst." Was das bedeutet, wurde mir schnell klar. Du bist nicht nur für dich und dein Leben verantwortlich, sondern du bist auch verantwortlich für deine Mitmenschen, für den Zustand deiner Umwelt und deines Landes. Und wenn du verantwortlich bist, dann musst du handeln.

Kaum war ich zurück an der deutschen Universität, wollte ich Verantwortung übernehmen und stellte mich bei den nächsten Wahlen zum Studentenparlament auf und wurde mit hoher Stimmenzahl gewählt (weil ich als Programm versprach: besseres Mensa-Essen).

Zeit meines Lebens habe ich seitdem nicht aufgehört mitzumachen. Seit vielen Jahren bin ich deshalb in zahlreichen Ehrenämtern, etwa im Kuratorium von „Schüler helfen Leben“. Ein toller Verein, bei dem könnte jeder von Euch mitmachen!

Wenn die Demokratie gefährdet ist, muss jeder Verantwortung übernehmen. Dann wird Handeln zur Pflicht, etwa wenn Extremisten wie die AfD menschenverachtende Gesetze vorschlagen. Dagegen haben Anfang 2024 Hunderttausende Bürgerinnen und Bürger aller Altersgruppen, darunter auch ich, in vielen Städten demonstriert und protestiert gegen die Pläne, Menschen, die keine Deutschen sind, aus dem Land zu jagen. Rassistische Pläne der rechtsextremen Partei AfD: Das widerspricht unseren Grundwerten. In einer wehrhaften Demokratie ist es Aufgabe aller Menschen sie zu verteidigen. Wer nichts tut, macht sich schuldig.

Denn denkt daran: Jeder Einzelne ist verantwortlich für den Zustand seines Landes.

Ulrich Wickert

WAS IST POLITIK?

Wo auch immer man heute Nachrichten sieht, hört oder liest, trifft man häufig auf das Wort „**Politik**". Dann geht es meist um Regierungen, um Wahlen, um Demonstrationen, um Blockaden, um Streiks, manchmal auch um Könige, vielleicht auch um Krieg oder nur um Gesetze.

Aber was bedeutet eigentlich das Wort „Politik"?

Ursprünglich kommt es aus dem Griechischen. Dort bedeutet das Wort „Polis" die Stadt. Und mit Politik meinte man im alten Griechenland all das, was das Leben in einer Stadt betrifft.

Politik ist die Form, das Leben der Gemeinschaft zu regeln. Denn da der einzelne Mensch nicht für sich allein selbstständig ist, müssen die Menschen sich zusammentun, um das gemeinsame Leben zu ordnen. Das ist nicht leicht. Die Art und Weise, wie das geschieht, nennt man „Politik".

Zunächst heißt es über Politik, der **Sinn** von Politik sei es, die Freiheit der Menschen zu garantieren. Und der **Zweck** von Politik ist die Handlung, um das **Ziel** der Politik zu verwirklichen.

Das klingt kompliziert, ist es aber nicht. In einer Stadt sind die Menschen **frei** zu entscheiden, ob sie ein Schwimmbad bauen wollen. Wenn sie sich dazu entscheiden, dann benötigen sie Geld. Deshalb beschließen sie, eine Sammlung zu starten. Geld zu besorgen ist also der **Zweck** der Handlung, um das **Ziel** – nämlich den Bau des Schwimmbads – zu erreichen.

Politik ist die Art und Weise, das Zusammenleben von Menschen zu gestalten.

Aber es stellt sich die Frage: Wer bestimmt, was getan wird? Das entscheiden in einer Demokratie die Menschen in einer Stadt oder in einem Staat selbst. Der Staat steht nicht über den Menschen, sondern der Staat ist die Gemeinschaft aller Menschen. Und wie der Staat funktioniert, dafür haben die Bürger und Bürgerinnen sich ein Verfahren ausgedacht. Bestimmen soll eine Regierung.

In einer Demokratie werden bei freien Wahlen Abgeordnete von Parteien gewählt. Parteien sind ein Teil des Staates.

Wer von den Parteien die meisten Stimmen erhält, der bekommt die Macht zu bestimmen, wer regieren soll.

Politik bedeutet deshalb auch, sich darum zu bemühen, die Macht zu erlangen, um die eigenen Vorstellungen vom Ziel des Handelns durchzusetzen. Diese Ziele sind die Inhalte der Politik. Etwa die Frage: Soll man wegen des Klimaschutzes auf Autobahnen die Höchstgeschwindigkeit auf 130 Kilometer pro Stunde begrenzen oder nicht? Da haben die Parteien häufig unterschiedliche Programme.

Im Staat werden die gemeinschaftlichen Aufgaben auf viele verschiedene Einrichtungen aufgeteilt. Dazu gehören die Regierung, die Ministerien, auch die Parlamente. Natürlich auch Bürgermeisterinnen und Bürgermeister. Aber auch die Schulen und die Krankenhäuser, die Kindergärten, die Behörden für die Straßen und die Parks.

Es gibt eigentlich keinen Bereich im Zusammenleben der Menschen, der nicht mit Politik zu tun hat.

Deshalb teilt man auch Politik in Bereiche und spricht von Kinder- oder Jugendpolitik, von Schulpolitik oder Gesundheitspolitik. Dabei geht es dann häufig darum, wo Krankenhäuser gebaut werden sollen, wie viel Geld die Regierung für Schulen oder ein Jugendzentrum ausgibt.

Politisch handeln aber auch die Jugendlichen, die sich für eine Demonstration wie „Fridays for Future“ treffen. Genauso können Schüler gegen schlechtes Essen in der Mensa protestieren – auch das ist eine politische Handlung. Wer demonstriert, will denjenigen, die die Macht haben, klarmachen, dass sie ihre Aufgabe nicht so gut machen, wie es die Demonstrierenden gern hätten. Sie fordern eine andere Politik.

Frei entscheiden können die Menschen aber nur in einer Demokratie.

Es gibt auch andere Staatsformen: die Monarchie, wo eine Königin oder ein König die Macht haben, und auch in der Diktatur bestimmt nur einer. Welches die Leitlinien für politisches Leben und Handeln in unserer Demokratie sind, das soll in diesem Buch behandelt werden.

STAATSSACHE: IM KLEINEN WIE IM GROSSEN

POLITIK

KURZ & KNAPP

Politik regelt das geordnete Zusammenleben der Bürgerinnen und Bürger. Es geht in der Politik also um alles, was mit Gestaltung und Einflussnahme in der Gesellschaft zu tun hat, sowohl im persönlichen als auch im öffentlichen Bereich.

An der Politik beteiligt ist der Staat, das ist ein Gebiet, in dem viele Menschen zusammenleben. Jeder Staat hat Grenzen, eine Regierung und Gesetze. Jeder Staat bestimmt selbst, nach welchen Regeln er regiert wird. Unser Staat ist eine Demokratie. Mehrere Staaten können sich zu einem Verbund zusammenschließen, in Europa ist das die Europäische Union (EU). Quelle: www.hanisauland.de

VERTEILTE MACHT

Deutschland besteht aus 16 Bundesländern. Die Bundesländer sind kleine Staaten, die gemeinsam die Bundesrepublik Deutschland bilden. Jedes Bundesland hat ein Parlament. Die politische Macht in Deutschland ist aufgeteilt: In manchen Bereichen ist die Bundesregierung zuständig, in anderen Bereichen sind es die Bundesländer. Die Außenpolitik wird zum Beispiel von der Bundesregierung gemacht. Quelle: www.hanisauland.de

WO WIR WOHNEN

Jeder von uns wohnt in einer Gemeinde (man sagt auch „Kommune“). Das kann ein Dorf sein oder, wenn es mehr als 5 000 Einwohner*innen sind, eine Stadt. Im Grundgesetz steht in Artikel 28, dass die Gemeinden alle Angelegenheiten der Gemeinschaft, also der Menschen, die dort leben, selbst regeln dürfen. Dabei muss sich die Gemeinde an das geltende Recht halten. Quelle: www.hanisauland.de

GEMEINDEN, LÄNDER, BUND, EU

10 786

So viele Gemeinden gibt es zurzeit in Deutschland. Jede Gemeinde regelt Aufgaben wie die Müllabfuhr, die Stromversorgung oder den Bau einer neuen Schule oder eines Schwimmbads selbst.

3 866 385

Die größte Gemeinde ist Berlin mit 3 866 385 Millionen Einwohnerinnen und Einwohnern. Sie ist auch die Bundeshauptstadt.

9

Die kleinste Gemeinden nach Einwohnerzahl ist Dierfeld in Rheinland-Pfalz. Sie besteht aus einer Familie und ihren Mitarbeitenden auf einem Biohof. Nur neun Menschen wohnen hier, der Gemeinderat mit dem Bürgermeister tagt im Wohnzimmer.

KURZ & KNAPP

WER BESTIMMT?

Die Regierung leitet den Staat. Zur Regierung gehören die Ministerinnen und Minister und der Regierungschef. Das ist der Bundeskanzler oder die Bundeskanzlerin. Die Regierung entscheidet, welche Politik in Deutschland gemacht werden soll. Sie schlägt dem Bundestag vor, welche Gesetze gelten sollen. Der Bundestag stimmt darüber ab. Nur wenn eine Mehrheit des Bundestages zustimmt, kann das Gesetz gültig werden.

Auch die Bundesländer haben Regierungen, man nennt sie Landesregierungen. In den Kommunen bestimmt der Gemeinderat, den ein Bürgermeister oder eine Bürgermeisterin leitet.

Quelle: www.hanisauland.de

PRIVATSACHE – ODER DOCH NICHT?

KURZ & KNAPP

PRIVATSPHÄRE

Die Privatsphäre ist der ganz persönliche Bereich eines Menschen. Dazu gehört zum Beispiel die Frage, wie jemand bei sich zu Hause wohnt, was man in Mails oder Briefen schreibt oder wen jemand liebt. In Deutschland wird die Privatsphäre durch das Grundgesetz geschützt. Auch Kinder haben ein Recht auf Privatsphäre, an das sich Eltern und Geschwister halten müssen.

Quelle: www.hanisauland.de

„Jeder hat das Recht auf die freie Entfaltung seiner Persönlichkeit, soweit er nicht die Rechte anderer verletzt und nicht gegen die verfassungsmäßige Ordnung oder das Sittengesetz verstößt."
(Grundgesetz, Artikel 2)

„Kein Kind darf willkürlichen oder rechtswidrigen Eingriffen in sein Privatleben, seine Familie, seine Wohnung oder seinen Schriftverkehr oder rechtswidrigen Beeinträchtigungen seiner Ehre und seines Rufes ausgesetzt werden."
(Kinderrechtskonvention, Artikel 16)

Mein Körper
Ob ich Tattoos trage, lange Fingernägel oder eine Glatze, ist meine persönliche Entscheidung. Auch wenn ich lieber im Körper eines anderen Geschlechts leben möchte, kann mir das niemand verbieten, sobald ich volljährig bin – mit Einwilligung der Eltern geht das auch schon ab dem 14. Lebensjahr.

„Mein Bauch gehört mir"
Aber wie sieht es mit ungewollten Schwangerschaften aus? Darf eine Frau selbst entscheiden, ob sie das Kind bekommt? In Deutschland regelt ein Gesetz (Paragraph 218), dass ein Schwangerschaftsabbruch unter bestimmten Bedingungen straffrei ist. Nach dem Motto „Mein Bauch gehört mir" kämpfen Frauen seit den 1970er-Jahren für das uneingeschränkte Recht auf Abtreibung.

Meine Familie
„My home is my castle", mein Zuhause ist meine Burg, sagen die Engländer. Heißt: Was hinter meinen vier Wänden passiert, geht niemanden was an. Tja, so einfach ist es nicht. Denn auch eine Familie muss sich an geltendes Recht halten. Bei häuslicher Gewalt oder Kindeswohlgefährdung mischt sich der Staat über Polizei und Jugendämter ein, und das ist gut so.

WAS IN DEINEM LEBEN HAT NICHTS MIT POLITIK ZU TUN?

Meine Liebe
Wen ich liebe, wie viele auf einmal und ob ich Männer oder Frauen liebe oder beides, das kann ich in Deutschland selbst entscheiden. Das war nicht immer so. Erst 1994 wurde hier das gesetzliche Verbot von Homosexualität endgültig abgeschafft. In Ländern wie Uganda oder Russland dagegen ist Homosexualität immer noch verboten. In Deutschland dürfen schwule und lesbische Paare seit 2017 auch heiraten. Die Ehe ist übrigens nicht länger nur Privatsache, sondern ein staatliches – und wer will kirchliches – Bündnis mit festgelegten Regeln.

Meine Bildung
Ob ich lese, Filme anschaue, am Computer spiele oder Gitarre übe: eigentlich meine Sache! Doch ungefähr vom 6. bis 16. Lebensjahr muss ich etwas lernen, so schreibt es die Schulpflicht in Deutschland vor. Es gibt sie seit rund 200 Jahren. Vorher hatten meist nur die Kinder reicher Eltern die Möglichkeit, von Privatlehrern oder in Kloster- oder Fürstenschulen das Rechnen und Schreiben zu lernen.

WAS KANN ICH BEWIRKEN?

*Demonstrieren, streiken, sich in Schüler*innenvertretungen engagieren oder gleich selbst in die Politik gehen: Wir haben junge und ältere, berühmte und andere Menschen gefragt, wie sie Politik verstehen – und machen.*

„Politik ist der Aushandlungsprozess darüber, wie wir miteinander zusammenleben wollen."

Sherif Rizkallah
28, Moderator der Kindernachrichtensendung „logo!"

„Politik ist die Möglichkeit, sich miteinzubringen und Einfluss zu nehmen, auch wenn es so scheint, dass der Konsens in der Gesellschaft ist, dass es nichts bringt."

Staiy
36, YouTuber und Livestreamer

Marina Weisband
36, Mitgründerin der früheren Piratenpartei, nun bei Bündnis 90/Die Grünen

„Ich bin einmal auf Twitter gebeten worden, Politik in 140 Zeichen zu erklären. Ich schrieb: ‚Wir haben einen Kuchen. Wie verteilen wir ihn?'"

„Politik hat im Kern drei Instrumente. Sie kann fördern, sie kann steuern über Steuern und sie kann verbieten oder erlauben."

Robert Habeck
54, Wirtschaftsminister, Bündnis 90/Die Grünen

„Ich habe mit 12 für größere Stühle gekämpft"

Jamie Christophersen
18, Vorsitzender der
Schüler*innenkammer Hamburg

Was hat Sie veranlasst, sich politisch zu engagieren?

Als ich in der 7. Klasse war, sind wir in einen Klassenraum umgezogen, in dem die Stühle für einige meiner Mitschüler*innen zu klein waren. Ich war damals Klassensprecher und habe angesprochen, wann wir denn endlich mal größere Stühle bekommen. Das hat die damalige Schüler*innenvertretung wohl beeindruckt, und sie haben gefragt, ob ich nicht bei ihnen mitmachen möchte. Und da war ich dann als kleiner Siebtklässler mit den Zwölftklässler*innen.

Was können Sie als Vorsitzender der Schüler*innenkammer bewirken?

Wir setzen uns für die Hamburger Schüler*innen und eine bessere Bildung ein, machen immer mal wieder Druck in der Presse und treten auf Veranstaltungen mit politischen Parteien auf. Zum Beispiel haben wir uns zuletzt erfolgreich dafür eingesetzt, dass die Hamburger Schüler*innen keine zusätzlichen Klausuren zu den bisherigen schreiben müssen.

Was hilft gegen die Ohnmacht, die viele junge Leute heute empfinden?

Was mir dabei hilft, ist einfach zu machen. Einfach anzufangen, sich zu engagieren, und wenn es auch nur etwas Kleines ist. Es gibt viele Wege mitzuwirken. Im Verein, in Parteien oder wie bei mir in der Schüler*innenvertretung. Es muss auch nicht immer direkt darum gehen, mit einer Sache die ganze Welt zu verändern. Auch kleine Erfolge sammeln sich und können etwas bewegen.

Was halten Sie davon, wenn jemand sagt: „Politik geht mich nichts an"?

Ich sehe das nicht so. Politik geht uns alle was an. Politik beeinflusst Teile unseres alltäglichen Lebens, etwa durch Gesetze oder dadurch, wofür Geld investiert wird. Politische Diskurse können jedoch einschüchtern, weil zum Beispiel die Machtverhältnisse ungleich erscheinen. Auch für mich ist es nicht immer leicht, als jüngere Person gegen ältere anzureden. Aber wenn wir das Interesse an Politik aufgeben, dann geben wir das Interesse an der Gestaltung unseres Lebens, unseres Miteinanders auf.

ZUSAMMENLEBEN

Überall dort, wo zwei oder mehr Menschen sich treffen, müssen sie sich darüber einig werden, wie sie friedlich miteinander auskommen können. Das fängt schon in der Familie an, wo Mütter und Väter, Eltern und Kinder, Schwestern und Brüder jeweils andere Interessen haben. Die eine will laut Musik hören, der andere ein Video sehen, dabei drängen die Eltern darauf, dass endlich die Hausarbeiten gemacht werden. All das muss geordnet werden.
Und dafür werden Regeln aufgestellt, die festlegen, wie sich jeder verhalten soll und was nun als gut und was als schlecht angesehen wird.

Die Menschen sind frei, die Regeln selbst untereinander auszuhandeln. Wenn sie nun darüber diskutieren, was gut oder schlecht ist, dann bietet sich ihnen als guter Maßstab die sogenannte „Goldene Regel" an, die überall auf der Welt anerkannt ist. Sie heißt:

„Was du nicht willst, dass man dir tu',
das füg auch keinem andern zu."

In einer Familie werden die Eltern die Regeln festlegen und möglicherweise mit den Kindern diskutieren, wenn die alt genug sind. Und es kann schon sein, dass auch erörtert wird, welche Strafen es gibt, wenn jemand die Regeln nicht einhält. So ist es nicht nur in der Familie, sondern in der ganzen Gesellschaft.

Nun gibt es mehrere Begriffe für die Regeln. Zuerst einmal spricht man von gutem Benehmen, von der Sitte. Der Überbegriff lautet „Moral". Als moralisch wird die Summe der allgemeinen Regeln bezeichnet, die in einer Gesellschaft gelten. Wenn jemand „moralisch" handelt, heißt es, dass er sich so verhält, wie es die Mitglieder der Gesellschaft richtig und gut finden. Und dann gibt es noch einen weiteren Begriff, der als Maßstab von gut und schlecht bezeichnet wird: die Ethik. In der Ethik sind all jene Werte enthalten, die das Handeln leiten sollen, wie etwa Freiheit, Gerechtigkeit, Solidarität, Toleranz, die Würde des Menschen und noch viele andere mehr.

KURZ & KNAPP

REGELN DES STAATES

Jedes Spiel macht nur Spaß, wenn sich alle an die Regeln halten. Sonst funktioniert es nämlich nicht. Genauso ist es auch mit dem Zusammenleben der Menschen, und zwar in der Familie, in der Schule, am Arbeitsplatz und im ganzen Staat. Die Regeln eines Staates sind die Gesetze.
Sie werden von Menschen gemacht.

Quelle: www.hanisauland.de

LEBENSREGELN DER RELIGIONEN

Schon vor den staatlichen Gesetzen gab es die Lebensregeln der Religionen. Sie wurden mit dem Glauben überliefert und sagten den Menschen, was gut oder böse und was richtig und was falsch ist und wie die Menschen leben sollen. Manche Regeln sind streng und schreiben viel vor. In anderen Religionen kommen die Menschen mit weniger Regeln aus.

Quelle: www.hanisauland.de

MORAL

Dieses Wort kommt vom lateinischen Begriff „moralis" und heißt übersetzt „die Sitten betreffend". Als Moral werden die Werte und Regeln bezeichnet, die in einer Gesellschaft allgemein anerkannt sind. Wenn man sagt, jemand hat „moralisch" gehandelt, ist damit gemeint, dass er sich so verhalten hat, wie es die Menschen richtig und gut finden.

Quelle: www.hanisauland.de

Nun gibt es Regeln, die so wichtig sind, dass sie in Demokratien von den Parlamenten als Gesetze beschlossen werden. Und wer dann gegen Gesetze verstößt, der kann bestraft werden und sogar im Gefängnis landen.

Leider wird der Mensch nicht mit der Kenntnis der Regeln geboren, sondern jeder muss von klein an lernen, gut zu handeln. Deshalb sind Erziehung, Moral und Gesellschaft eine Voraussetzung für ein friedliches Zusammenleben der Menschen.

DER LANGE WEG ZU DEN GRUNDRECHTEN DES MENSCHEN

Die ältesten aufgeschriebenen Gesetze sind über 4000 Jahre alt. Sie galten nicht für alle Menschen gleich, sondern unterschieden noch in Bürger und Sklaven. Erst viel später im 18. Jahrhundert verabschiedeten französische Revolutionäre universelle Menschenrechte. Sie wurden von den Vereinten Nationen 1948 aufgeschrieben, in der „Allgemeinen Erklärung der Menschenrechte“. Viele Staaten, darunter auch Deutschland, haben diese Rechte in ihrer Verfassung als sogenannte Grundrechte festgeschrieben.

SEIT WANN GIBT ES GESETZE?

Um 2100 v. Chr.
Der Codex Ur-Nammu ist die älteste schriftlich überlieferte Rechtssammlung der Welt und stammt aus dem damaligen Mesopotamien (Zweistromland im heutigen Irak). Sie ist in sumerischer Sprache verfasst und behandelt Themen wie Mord, Sklaverei, Scheidung und Erbe.

Um 1750 v. Chr.
Der Codex Hammurabi ist der umfangreichste älteste Gesetzestext des babylonischen Reiches, er wurde in akkadischer Sprache auf Steintafeln eingraviert und folgte in seiner Rechtsprechung dem Prinzip der Vergeltung, etwa: „Wenn ein Bürger ein Auge eines (anderen) Bürgers zerstört, so soll man ihm ein Auge zerstören.“

Zwischen 1000 und 600 v. Chr.
Die Zehn Gebote stehen in der Bibel, im Alten Testament, außerdem in der Thora und im Koran. Sie sind bis heute der Kern von vielen Gesetzen.

Um 450 v. Chr
Das Zwölftafelgesetz ist eine Gesetzessammlung aus dem alten Rom. Sie entstanden durch Ständekämpfe zwischen Patriziern und Plebejern. Rom erhielt damit eine geordnete Rechtsprechung.

Um 530 v. Chr.
Der Codex Justinianus, der später Corpus Iuris Civilis hieß, ist eine spätantike Gesetzessammlung des oströmischen Kaisers Justinian und ist die erste systematische Überlieferung des römischen Rechts. Ihre Wirkung entfalteten die antiken Texte aber erst im 14. und 15. Jahrhundert, als sie wiederentdeckt wurden. Der „Corpus Iuris Civilis“ bildete in Europa über viele Jahrhunderte die maßgebliche Rechtsquelle.

2100 V.CHR.

1750 V.CHR.

1215

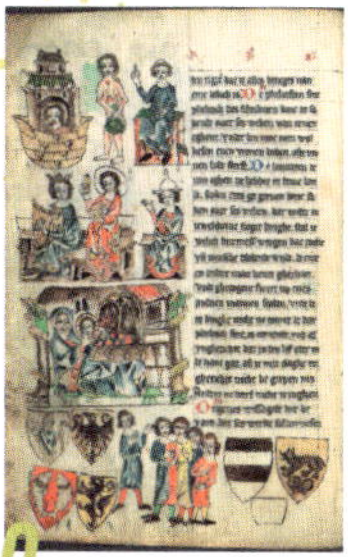

1230

1215
Die Magna Carta, oder der „Große Freibrief", aus England ist einer der wichtigsten Rechtstexte für die Entwicklung der modernen Demokratie, sie war ein entscheidender Wendepunkt dafür, Freiheit zu ermöglichen. Dazu gehörte das Recht der Kirche, frei von Einmischung durch die Regierung zu sein, die Rechte aller freien Bürger, Eigentum zu besitzen und zu erben und vor übermäßigen Steuern geschützt zu werden.

1215 1230 1628

Um 1230
Der Sachsenspiegel
(niedersächsisch: *Sassenspegel*, mittelniederdeutsch: *Sassen Speyghel)* gilt als das bedeutendste und, gemeinsam mit dem Mühlhäuser Reichsrechtsbuch, älteste Rechtsbuch des deutschen Mittelalters.

1628
Die Petition of Right war ein Meilenstein bei der Entwicklung der Menschenrechte, sie wurde vom englischen Parlament geschaffen und König Karl I. als Erklärung der bürgerlichen Freiheiten übergeben.

KURZ & KNAPP

DER PHILOSOPH IMMANUEL KANT

Er war einer der bedeutendsten Vertreter der Aufklärung und forderte die Menschen dazu auf, mutig ihren Verstand zu gebrauchen und nichts einfach so zu glauben. Die Aufklärer sagten, dass das Hauptziel aller Erziehung sein müsse, die Fähigkeiten des Verstandes auszubilden. Nur so sei ein freiheitliches, menschenwürdiges und glückliches Zusammenleben der Menschen möglich. Quelle: www.hanisauland.de

DIE AUFKLÄRUNG

So wird eine geistige Bewegung bezeichnet, die gegen Ende des 17. Jahrhunderts in Europa entstand. Diese Denkrichtung erklärte die Vernunft (Rationalität) des Menschen und ihren richtigen Gebrauch zum Maßstab allen Handelns. Nur das, was mit dem Verstand begründet werden kann, was beweisbar ist, kann als Richtschnur des eigenen Verhaltens dienen. Quelle: www.hanisauland.de

DER KATEGORISCHE IMPERATIV

Kant hat einen wichtigen Satz geprägt, der sagt, dass der Mensch niemandem etwas zufügen soll, was man ihm nicht auch selbst zufügen dürfte. Was heißt das nun? Wenn du nicht selbst geschlagen werden willst, dann darfst du auch keinen anderen schlagen. Wenn du nicht selbst angelogen werden willst, darfst du nicht lügen. Das nennt man den „Kategorischen Imperativ“. Er erinnert an den Satz „Was du nicht willst, das man dir tu‘, das füg‘ auch keinem andern zu.“ Quelle: www.hanisauland.de

1788 1789

1788
Der Kategorische Imperativ von Immanuel Kant: „Handle nur nach derjenigen Maxime, durch die du zugleich wollen kannst, dass sie ein allgemeines Gesetz werde.“

1789
Am 26. August 1789 beschloss die Nationalversammlung in Frankreich die Erklärung der Menschen- und Bürgerrechte. In den 17 Artikeln wird dem Menschen das Recht auf Freiheit, Eigentum, Sicherheit und Widerstand gegen Unterdrückung als natürliches Recht zugesprochen. Alle Menschen gelten gleich viel. Übrigens sprach man Frauen dennoch weiterhin politische Rechte ab, obwohl Artikel 1 besagt: „Die Menschen sind und bleiben von Geburt frei und gleich an Rechten. Soziale Unterschiede dürfen nur im gemeinen Nutzen begründet sein.“

„Jeder Mensch hat das Recht auf Leben, Freiheit und Sicherheit der Person."

(Allgemeine Erklärung der Menschenrechte, Artikel 3)

„Die Würde des Menschen ist unantastbar."

(Grundgesetz, Artikel 1)

KURZ & KNAPP

DAS GRUNDGESETZ

Das ist der Name unserer Verfassung. Darin stehen die wichtigsten Spielregeln, die für das Zusammenleben der Bürger wichtig sind. Alle müssen sich daran halten. Das Grundgesetz beginnt mit den Grundrechten. Diese gelten für alle Menschen und dürfen niemals abgeschafft werden. Das Grundgesetz gibt es seit der Staatsgründung der Bundesrepublik Deutschland im Jahr 1949. Kein Gesetz, das in unserem Land gilt, darf dem Grundgesetz widersprechen.

Quelle: www.hanisauland.de

DIE WÜRDE

Jeder Mensch, ganz gleich, wo er herkommt, wie alt er ist, welches Geschlecht er hat, hat seine Bedeutung und seinen Wert. Dabei ist es egal, ob er arm ist oder reich, welche Religion er hat, wie er aussieht oder welche Taten er begangen hat. Er hat seine ganz eigene Würde, die sich aus seinem Menschsein ableitet.

Quelle: www.hanisauland.de

1948
Die Vereinten Nationen veröffentlichen die „Allgemeine Erklärung der Menschenrechte". Sie geht vom Grundsatz der „angeborenen Würde" und der „gleichen Rechte" aller Menschen aus und sieht darin die Grundlage von Freiheit, Gerechtigkeit und Frieden. Anspruch auf diese Rechte hat jede Person, „ohne irgendeinen Unterschied, etwa nach Rasse, Hautfarbe, Geschlecht, Sprache, Religion, politischer oder sonstiger Anschauung, nationaler oder sozialer Herkunft, Vermögen, Geburt oder sonstigem Stand." Viele Staaten haben versprochen, dass sie sich daran halten werden.

1948 1989

1949
Grundgesetz
in Deutschland

1989
Kinderrechtskonvention Am 20. November 1989 haben die Staaten der UNO eine wichtige Konvention (das ist ein anderes Wort für „Übereinkommen") unterschrieben. Hierin sind die Rechte der Kinder zusammengefasst. Die Kinderrechtskonvention hat über 50 Artikel. Darin heißt es unter anderem, dass die Kinder vor Ausbeutung und Gewalt geschützt werden müssen und dass sich die Staaten darum kümmern sollen.

Noch vor der Gründung der Bundesrepublik Deutschland wurde im Bundesgesetzblatt Nr. 1 vom 23. Mai 1949 das Grundgesetz verkündet. Seit diesem Zeitpunkt erscheint das Bundesgesetzblatt in unregelmäßiger Folge immer dann, wenn neue oder geänderte Gesetze zu verkünden sind.

1

Bundesgesetzblatt

1949	Ausgegeben in Bonn am 23. Mai 1949	Nr. 1

Inhalt: Grundgesetz für die Bundesrepublik Deutschland vom 23. Mai 1949 . . . . Seite 1

Grundgesetz für die Bundesrepublik Deutschland vom 23. Mai 1949.

Der Parlamentarische Rat hat am 23. Mai 1949 in Bonn am Rhein in öffentlicher Sitzung festgestellt, daß das am 8. Mai des Jahres 1949 vom Parlamentarischen Rat beschlossene Grundgesetz für die Bundesrepublik Deutschland in der Woche vom 16.—22. Mai 1949 durch die Volksvertretungen von mehr als Zweidritteln der beteiligten deutschen Länder angenommen worden ist.

Auf Grund dieser Feststellung hat der Parlamentarische Rat, vertreten durch seine Präsidenten, das Grundgesetz ausgefertigt und verkündet.

Das Grundgesetz wird hiermit gemäß Artikel 145 Absatz 3 im Bundesgesetzblatt veröffentlicht:

Präambel

Im Bewußtsein seiner Verantwortung vor Gott und den Menschen,

von dem Willen beseelt, seine nationale und staatliche Einheit zu wahren und als gleichberechtigtes Glied in einem vereinten Europa dem Frieden der Welt zu dienen, hat das Deutsche Volk

in den Ländern Baden, Bayern, Bremen, Hamburg, Hessen, Niedersachsen, Nordrhein-Westfalen, Rheinland-Pfalz, Schleswig-Holstein, Württemberg-Baden und Württemberg-Hohenzollern,

um dem staatlichen Leben für eine Übergangszeit eine neue Ordnung zu geben,

kraft seiner verfassungsgebenden Gewalt dieses Grundgesetz der Bundesrepublik Deutschland beschlossen.

Es hat auch für jene Deutschen gehandelt, denen mitzuwirken versagt war.

Das gesamte Deutsche Volk bleibt aufgefordert, in freier Selbstbestimmung die Einheit und Freiheit Deutschlands zu vollenden.

I. Die Grundrechte

Artikel 1

(1) Die Würde des Menschen ist unantastbar. Sie zu achten und zu schützen ist Verpflichtung aller staatlichen Gewalt.

(2) Das Deutsche Volk bekennt sich darum zu unverletzlichen und unveräußerlichen Menschenrechten als Grundlage jeder menschlichen Gemeinschaft, des Friedens und der Gerechtigkeit in der Welt.

(3) Die nachfolgenden Grundrechte binden Gesetzgebung, Verwaltung und Rechtsprechung als unmittelbar geltendes Recht.

Artikel 2

(1) Jeder hat das Recht auf die freie Entfaltung seiner Persönlichkeit, soweit er nicht die Rechte anderer verletzt und nicht gegen die verfassungsmäßige Ordnung oder das Sittengesetz verstößt.

(2) Jeder hat das Recht auf Leben und körperliche Unversehrtheit. Die Freiheit der Person ist unverletzlich. In diese Rechte darf nur auf Grund eines Gesetzes eingegriffen werden.

Artikel 3

(1) Alle Menschen sind vor dem Gesetz gleich.

(2) Männer und Frauen sind gleichberechtigt.

(3) Niemand darf wegen seines Geschlechtes, seiner Abstammung, seiner Rasse, seiner Sprache, seiner Heimat und Herkunft, seines Glaubens, seiner religiösen oder politischen Anschauungen benachteiligt oder bevorzugt werden.

Artikel 4

(1) Die Freiheit des Glaubens, des Gewissens und die Freiheit des religiösen und weltanschaulichen Bekenntnisses sind unverletzlich.

(2) Die ungestörte Religionsausübung wird gewährleistet.

(3) Niemand darf gegen sein Gewissen zum Kriegsdienst mit der Waffe gezwungen werden. Das Nähere regelt ein Bundesgesetz.

Artikel 5

(1) Jeder hat das Recht, seine Meinung in Wort, Schrift und Bild frei zu äußern und zu verbreiten und sich aus allgemein zugänglichen Quellen un-

Der Staat ist um des Menschen willen da, nicht der Mensch um des Staates willen.

Auszug aus der Rede
von Bundespräsident
Frank-Walter Steinmeier
am 10.8.2023 in Herrenchiemsee

Der Konvent von Herrenchiemsee hat vor nunmehr 75 Jahren die wesentliche Arbeit am Grundgesetz geleistet. Dieses Grundgesetz ist, seit es dann ein Jahr später in Kraft trat, die Grundlage dafür, dass in unserem Staat Freiheit und Demokratie und Recht das Zusammenleben bestimmen. (…)

Die Formulierung des ersten Artikels ihres Entwurfs lautete (…): „Der Staat ist um des Menschen willen da, nicht der Mensch um des Staates willen." Das ist die tiefe Grundüberzeugung, die hinter dem ganzen Entwurf von Herrenchiemsee steckt. Mancher hat bedauert, dass diese Formulierung nicht auch ins Grundgesetz übernommen worden ist. Aber der ganze Entwurf von Herrenchiemsee und auch das später beschlossene Grundgesetz sind zutiefst von dem geprägt, was mit diesem Satz ausgedrückt ist: Der Staat ist um des Menschen willen da. (…)

Erst der Mensch, dann der Staat!

Was im ersten Satz von Herrenchiemsee gemeint war und dort im zweiten Satz, „die Würde der menschlichen Persönlichkeit ist unantastbar", noch verstärkt wurde, das wird in der endgültigen Version des Grundgesetzes eher noch deutlicher und noch entschiedener zum Ausdruck gebracht:Das Grundgesetz spricht ja zuerst vom Menschen selbst – „Die Würde des Menschen ist unantastbar" – und erst im zweiten Satz vom Staat: von dessen Verpflichtung, diese Würde zu achten und zu schützen.

Das ist in ihrer Kürze und Prägnanz die wohl deutlichste Absage an alles, was vorher an Unmenschlichem in und durch den Staat geschehen war. (…)

Die Bürgerinnen und Bürger unseres Landes haben im Laufe der Jahrzehnte viele, auch harte Konflikte ausgehalten und ausgetragen. Das ist möglich gewesen, weil die Spielregeln nicht nur eingehalten, sondern vor allem auch akzeptiert waren. Zu diesen Spielregeln gehört, dass wir natürlich nicht alle einer Meinung sein müssen, dass wir einander nicht zu mögen brauchen, dass wir andere Vorstellungen ablehnen können – aber dass wir das alles auch jedem anderen zubilligen.

Unser Grundgesetz verträgt harte und härteste Auseinandersetzung

Ob mehr oder weniger bewusst, ich betone: Die allermeisten Bürgerinnen und Bürger waren und sind in einem tiefen Sinne „Verfassungspatrioten", sie haben den Geist des Grundgesetzes verinnerlicht – Demokratie, Freiheit und Gleichheit, soziale Verantwortung, Liberalität.

Ein Gemeinwesen prägt mit seiner Verfassung die Bürgerinnen und Bürger. Sie müssen sie aber auch leben und indem sie sie leben, diese Verfassung verteidigen. Unser Grundgesetz verträgt harte und härteste Auseinandersetzung. Verfassungsfeinde jedoch kann die Verfassung nicht integrieren – und wir dürfen die Gefahr, die von ihnen ausgeht, nicht ignorieren.

FREIHEIT

Freiheit ist eine Vision. Eine Vision ist eine Wunschvorstellung, die nie vollendete Wirklichkeit werden kann. Jeder Mensch ist frei geboren und ist er wirklich frei, dann kann er aus eigenem Willen entscheiden, wie er handeln will.

Was heißt nun „wenn er wirklich frei ist"?

Der Mensch ist nur dann wirklich frei, wenn nichts und niemand seinen Willen beeinflusst, wenn also seine Entscheidung in einer gewissen Art zu handeln auf der Selbstbestimmung seines eigenen Willens beruht. Er beschließt frei zu handeln, ohne von irgendwem beeinflusst zu werden. Nun entscheidet ein vernünftiger Mensch nicht wahllos, sondern überlegt, weshalb er etwas will. Als „Vernunft" bezeichnet man die Fähigkeit des Menschen, seinen Verstand zu nutzen, wenn er aus freiem Willen heraus entscheiden will, was gut oder was schlecht ist. Der Verstand sammelt sachliche oder gefühlsmäßige Erfahrungen, die Vernunft erlaubt dem Menschen, die Kenntnisse des Verstandes zu bewerten. Und die vernünftige Nutzung des Verstandes löst in jedem Menschen Wissen aus, das seine freie Willensentscheidung lenkt, sei es durch Gefühle, durch Zwänge oder gar durch moralische Regeln.

Allerdings darf nicht jeder nach Lust und Laune handeln. Denn die Freiheit des einen endet immer an der Freiheit des anderen. Das erfährt schon jedes Kind in der Familie. Es kann nicht einfach nehmen, was es möchte. Danach muss sich jeder Teilnehmer im Straßenverkehr richten, wenn er zu einer Ampel kommt. Rot bedeutet warten, Grün erlaubt sich weiterzubewegen. Die Grenze der Freiheit ist schließlich das Gemeinwohl.

Die Freiheit des Willens und Handelns besitzt der Mensch aber nur in einer Demokratie.

Es ist in der Geschichte noch nicht lange her, dass die Freiheit auch politisch gewollt wird. In der Erklärung der Menschen- und Bürgerrechte von 1789 während der Französischen Revolution heißt es: „Die Menschen sind und bleiben von Geburt frei und gleich an Rechten. Soziale Unterschiede dürfen nur im gemeinen Nutzen begründet sein." Und trotzdem wurde die Sklaverei erst einmal nicht abgeschafft.

In den USA war schon 1787 eine Verfassung verabschiedet worden, darin wird in der Präambel das „Glück der Freiheit" beschworen, die Sklaverei blieb aber trotzdem bestehen. Erst nach dem Zweiten Weltkrieg wurde 1948 die Allgemeine Erklärung der Menschenrechte von den Vereinten Nationen verabschiedet und dort heißt es im 1. Artikel: „Alle Menschen sind frei und gleich an Würde und Rechten geboren." Sklaverei ist nach Artikel 4 verboten. Und trotzdem werden auch jetzt noch in einigen Ländern der Welt Menschen heimlich als Sklaven behandelt.

Deshalb ist die absolute Freiheit nur ein Traum.

DIE MENSCHEN SIND FREI

KURZ & KNAPP

FREIHEIT

Wenn kein Zwang da ist, herrscht Freiheit. Wenn man selbst bestimmen kann, was man tut, ist man frei. Freiheit gehört zu den Grund- und Menschenrechten und zu jeder modernen Demokratie. Aber völlige Freiheit ist damit nicht gemeint. Meine Freiheit darf die Freiheit der anderen Menschen nicht einschränken. So steht es auch in unserem Grundgesetz, das man auch „freiheitlich-demokratische Grundordnung" nennt. Quelle: www.hanisauland.de

MEILENSTEINE DER FREIHEIT

In der Verfassung der Vereinigten Staaten von 1787 wurde die Freiheit aller Menschen zum ersten Mal als Verfassungsgrundsatz festgeschrieben. Zwei Jahre später lautete die Parole der Französischen Revolution „Freiheit, Gleichheit, Brüderlichkeit". Damals wurden die Grundlagen für das gelegt, was wir heute unter Freiheit verstehen: Es ist die Freiheit zur freien Entfaltung der eigenen Persönlichkeit. Quelle: www.hanisauland.de

8 Millionen

Ab dem 16. Jahrhundert verschleppten europäische Kolonialmächte wie Spanien oder England über acht Millionen Menschen aus Afrika nach Nord- und Südamerika. Mit diesem verbrecherischen Handel ließ sich viel Geld verdienen.

Die Freiheitsstatue

steht auf Liberty Island im New Yorker Hafen. Sie wurde eingeweiht am 28. Oktober 1886 und ist ein Geschenk Frankreichs an die Vereinigten Staaten. Die Statue stellt die in Roben gehüllte Figur der Libertas, der römischen Göttin der Freiheit, dar.

Marianne

Sie ist die Nationalfigur der Französischen Republik und wurde in der Französischen Revolution von 1789 zum Symbol der Freiheit. In Frankreich ziert das Bild der Marianne bis heute die Briefmarken. Sie ist auch auf dem berühmten Gemälde „Die Freiheit führt das Volk“ (1830) von Eugène Delacroix zu sehen.

23. August

Internationaler Tag zur Erinnerung an den Sklavenhandel und seine Abschaffung

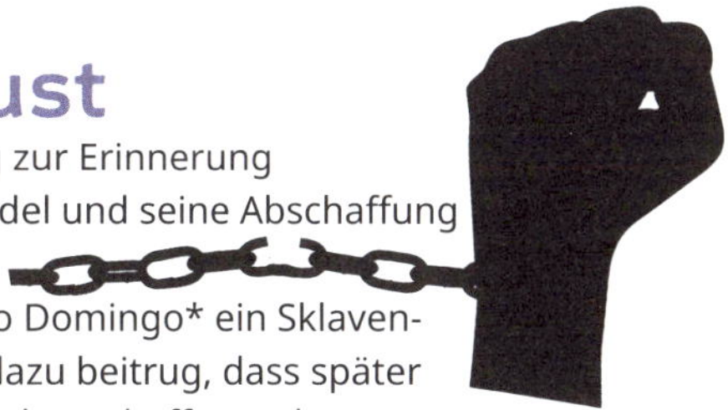

1791 brach in Santo Domingo* ein Sklavenaufstand aus, der dazu beitrug, dass später der Sklavenhandel abgeschafft wurde.

*heute Dominikanische Republik und Haiti

KURZ & KNAPP

DER MENSCH IST KEINE WARE

Im Jahr 1833 verbot Großbritannien den Sklavenhandel, 1865 schafften ihn auch die USA endgültig ab. Mit der Menschenrechtskonvention der UNO wurde die Sklaverei 1948 weltweit verboten. Allerdings gibt es bis heute in manchen Ländern sklavereiähnliche Abhängigkeiten, zum Beispiel Kinderarbeit oder Zwangsprostitution.

Quelle: www.hanisauland.de

SO FREI SIND WIR LAUT GRUNDGESETZ

Freie Persönlichkeit

„Jeder hat das Recht auf die freie Entfaltung seiner Persönlichkeit, soweit er nicht die Rechte anderer verletzt und nicht gegen die verfassungsmäßige Ordnung oder das Sittengesetz verstößt."

(Grundgesetz, Artikel 2)

Meinungsfreiheit

„Jeder hat das Recht, seine Meinung in Wort, Schrift und Bild frei zu äußern und zu verbreiten und sich aus allgemein zugänglichen Quellen ungehindert zu unterrichten."

(Grundgesetz, Artikel 5)

Pressefreiheit

„Die Pressefreiheit und die Freiheit der Berichterstattung durch Rundfunk und Film werden gewährleistet. Eine Zensur findet nicht statt."

(Grundgesetz, Artikel 5)

Versammlungsfreiheit

„Alle Deutschen haben das Recht, sich ohne Anmeldung oder Erlaubnis friedlich und ohne Waffen zu versammeln."

(Grundgesetz, Artikel 8)

Religionsfreiheit

„Die Freiheit des Glaubens, des Gewissens und die Freiheit des religiösen und weltanschaulichen Bekenntnisses sind unverletzlich."

(Grundgesetz, Artikel 4, Absatz 1)

UND WAS BEDEUTET FREIHEIT FÜR EUCH? …

„Freiheit ist so wichtig wie Frieden und Sicherheit. Jeder Mensch auf der Welt wünscht sich das für sein eigenes Leben – unabhängig von der Herkunft, Nationalität oder Religion. In unserer Demokratie handeln wir gemeinsam aus, wie unsere Freiheit mit der Freiheit der anderen in Einklang gebracht werden kann."

Olaf Scholz
65, Bundeskanzler, SPD

„Wir leben heute in Freiheit, weil andere für unsere Freiheit gekämpft haben."

Annalena Baerbock
43, Außenministerin, Bündnis 90/Die Grünen, zum 8. Mai 1945, Tag der Befreiung vom Nationalsozialismus

„Freiheit bedeutet, dass alle ohne Angst sein können."

Sherif Rizkallah
28, Moderator der Kindernachrichtensendung „logo!"

„Freiheit ist nicht Regellosigkeit und dass alle machen, was sie wollen. Freiheit wohlverstanden bedeutet, über die Regeln und Bedingungen des eigenen Lebens selbst zu bestimmen."

Robert Habeck
54, Wirtschaftsminister, Bündnis 90/Die Grünen

„Die größte Überraschung meines Lebens ist die Freiheit."

Angela Merkel
69, die in der DDR aufwuchs, 2005 bei ihrer Antrittsrede als damalige Bundeskanzlerin, CDU

„Jugendliche müssen mehr in Entscheidungen einbezogen werden"

Gregor Gysi
76, Politiker, ehemaliger Vorsitzender der Partei Die Linke

Was bedeutet für Sie Freiheit?

Um mit Marx zu antworten: „Die Freiheit des Einzelnen ist die Bedingung der Freiheit aller." Freiheit ist ein Grundwert unserer Gesellschaft, die allerdings inzwischen auch als Begründung für Zustände herhalten muss, die andere Menschen und Gruppen bei uns und vor allem auch in den Entwicklungsländern unfrei machen.

Was hat Sie veranlasst, sich politisch zu engagieren?

Ich wurde Vorsitzender meiner Partei in der Wendezeit in der DDR, als diesen Job niemand anderes machen wollte. Da ich von Beruf Rechtsanwalt bin, konnte und wollte ich meine Partei und die zunehmende Zahl von Menschen, die ihre Interessen durch sie vertreten sahen und sehen, nicht verlassen. Man übernimmt in politischen Spitzenämtern stellvertretend Verantwortung für Millionen Menschen, damit deren soziale, berufliche, kulturelle Situation in der Gesellschaft nicht unberücksichtigt bleibt. Dieser Verantwortung stellte ich mich.

Was haben Sie zuerst gemacht?

Vor meinen Aufgaben in der Politik habe ich in der DDR als Rechtsanwalt gearbeitet und die Politik dann nur als mein neues Arbeitszimmer angesehen.

Was kann die Gesellschaft tun, um den Sinn für Gemeinschaft zu fördern?

Vor allem muss die sich immer weiter vertiefende soziale Spaltung überwunden werden. Wenn die fünf reichsten Familien in Deutschland mehr Vermögen besitzen als die 42 Millionen Menschen der ärmeren Bevölkerungshälfte, kann man diese Kluft auch mit dem besten Gemeinsinn nicht mehr überwinden. Politik, Medien, Kultur, Wissenschaft, Kirchen dürfen zudem die Polarisierung in der gesellschaftlichen Debatte nicht weiter befeuern, sondern müssen Wege aufzeigen, wie man zu nachvollziehbaren, sozial ausgeglichenen und für die Menschen auch planbaren Lösungen kommt.

Erfüllt Sie die Politik?

Politik ist auch nach mehr als drei Jahrzehnten noch spannend, umso mehr als ihre Entscheidungen Millionen Menschen betreffen. Aber ich bin auch froh, dass ich meinen Beruf als Rechtsanwalt nicht aufgegeben habe, schon weil man dort mit dem Leben sehr direkt konfrontiert wird. In der Politik besteht immer die Gefahr, dass man das Leben nur noch als Drucksache des Bundestages wahrnimmt – und irgendwann sieht man dann auch noch so aus.

Haben Sie das Gefühl, dass Sie Ihre Wählerschaft gut vertreten?

Das müsste eher die Wählerschaft beantworten. Zumindest werde ich in meinem Wahlkreis in Berlin-Treptow-Köpenick seit 2005 bei jeder Wahl direkt gewählt. Also scheinen sich viele Wählerinnen und Wähler doch ganz gut von mir vertreten zu fühlen.

Was können wir als Volk tun, wenn von Parteien versprochene Ziele nicht eingehalten werden?

Man kann sich bei der nächsten Wahl anders entscheiden. Allerdings ist es in Koalitionen nahezu unmöglich für die Parteien, die Wahlversprechen eins zu eins umzusetzen. Aber zumindest die Richtung muss stimmen. Und vor allem müssen die Umstände ehrlich erklärt werden, warum etwas, was versprochen wurde, nicht umgesetzt wird.

Haben Sie Ideen, wie man Politik besser an jüngere Leute bringen kann?

Mit der Senkung des Wahlalters auf 16 ginge das direkt. Vor allem aber müssen Jugendliche viel mehr in Entscheidungen einbezogen werden, die ihre ureigenen Interessen berühren. Und die Politik muss – so wie es das Verfassungsgericht beschlossen hat – die Lebensgrundlagen künftiger Generationen und damit deren Lebens- und Freiheitsrecht viel mehr als bisher zum Ausgangspunkt ihrer Entscheidungen machen. Die Schulen müssen Kinder und Jugendliche intensiver an Politik heranführen.

KURZ & KNAPP

DDR

In Deutschland gab es zwischen 1949 und 1990 zwei Staaten: die Bundesrepublik Deutschland und die DDR. Die DDR war ein sozialistischer Staat, in dem die Menschen nicht frei leben konnten. Es gab keine freien Wahlen, die Macht lag alleine bei einer Partei. 1989 gab es in der DDR eine friedliche Revolution, die DDR brach zusammen. 1990 haben sich die DDR und die BRD vereinigt. Quelle: www.hanisauland.de

GERECHTIGKEIT UND GLEICHHEIT

Gerechtigkeit ist ein Wegweiser für gutes Handeln. Dieser Wegweiser ist so wichtig, dass man Gerechtigkeit als eine der wichtigsten Tugenden bezeichnet. Eine Tugend beschreibt einen ethischen Wert. Denn Gerechtigkeit regelt das Handeln der Menschen in ihrer Beziehung zueinander, sei es im privaten Bereich, sei es im staatlichen Gefüge.

Als Maßstab für gutes Handeln bestimmt Gerechtigkeit, welches Verhalten zwischen zwei Personen oder Parteien gerecht genannt werden kann. Dazu ein Beispiel: Zwei Geschwister wollen sich einen Kuchen teilen. Der eine nimmt sich den größeren Teil und begründet das mit seinem Hunger. Die andere klagt, das sei ungerecht, es sei ihr Lieblingskuchen, auf den sie sich besonders gefreut habe.

Eine ungleiche Teilung ist tatsächlich nicht gerecht.

Beim Teilen des Kuchens muss jeder das Gleiche bekommen. Das ist gerecht. Und es zeigt, dass Gerechtigkeit und Gleichheit eng miteinander verbunden sind. Damit eine Teilung gerecht werden kann, muss jeder seine eigenen Wünsche und Interessen auch mal zurückstecken, vielleicht sogar einschränken.

Aber wie sieht es bei Noten in der Schule aus? Eine Schülerin hat in der Klassenarbeit eine Eins bekommen, obwohl sie nicht viel gelernt hat. Sie ist einfach gut in dem Fach. Eine andere Schülerin hat eine schlechtere Note in der gleichen Arbeit, obwohl sie viel mehr gearbeitet hat. Müsste sie aus Gerechtigkeit nicht gleich benotet werden? Nein, denn beurteilt wird ja das Ergebnis der Klassenarbeit und nicht, wer mehr geschuftet hat.

Es ist auch grundsätzlich nicht ungerecht, wenn die einen mehr und die anderen weniger verdienen oder besitzen. Vielleicht ist jemand in eine wohlhabende Familie hineingeboren oder hat einen Beruf erwählt, in dem er mehr verdient als in einem anderen Beruf.

Gerechtigkeit heißt nicht, dass immer jeder das Gleiche bekommt oder das Gleiche leisten muss. Anders ist es, wenn ein Mann für ein und die gleiche Arbeit mehr Gehalt erhält als eine Frau. Das ist ungerecht. Denn beide arbeiten gleich viel, da ist es nur gerecht, wenn auch beide gleich bezahlt werden. Denn vergessen wir nicht: Mann und Frau sind gleichberechtigt.

Noch einmal zur Erinnerung, in den Menschenrechten steht: „Die Menschen werden frei und gleich an Rechten geboren."

Gerechtigkeit bedeutet hier jedoch nicht, dass alle Menschen *gleich* sind, denn sie unterscheiden sich, etwa im Körperbau, in der Haarfarbe oder in der Stimmlage. Selbst Zwillinge sind nicht gleich. Aber alle Menschen haben die *gleichen Rechte* und müssen deshalb nach den in der Gemeinschaft bestehenden Regeln *gleich behandelt* werden. Deshalb ist Gerechtigkeit für einen Rechtsstaat neben der Freiheit ein zentraler Grundwert. Ausfluss der Gerechtigkeit ist wiederum die Gleichheit.

Kommt es aber zum Streit darüber, was gerecht ist, dann wird Justitia, die römische Göttin der Gerechtigkeit, also ein Gericht angerufen. Schon seit dem Altertum wird Justitia als eine Frau dargestellt, die in der einen Hand ein Schwert hält und in der anderen eine alte Waage. Ihre Augen sind verbunden, damit sie Gerechtigkeit walten lässt, unabhängig davon, wer vor ihr stehen könnte. Die Waage bedeutet, das Gericht soll immer nach dem gleichen Maß messen, also nicht milde für den einen und streng für den anderen, wenn es um die gleiche Sache geht. Die Waage besteht aus zwei Schälchen, die an einem Querbalken aufgehängt sind. Sie kann nur funktionieren, wenn jemand den die Waage hochhebt. Also geht es immer um drei Personen: Zwei haben unterschiedliche Ansichten und die dritte entscheidet über das rechte Maß. Wenn zwei sich streiten, kann nur ein Dritter gerecht urteilen. Denn erstens darf niemand in eigener Sache richten, weil jeder zuerst einmal an sich denkt, und zweitens kann ein gerechtes Urteil nur dann gefällt werden, wenn beide Seiten gehört worden sind. Das Schwert besagt schließlich, dass Justitia auch straft, wenn jemand gegen Gesetze verstößt, also das Recht missachtet. Von allen Tugenden ist die Gerechtigkeit mit Sicherheit die schwerste – und vielleicht auch die seltenste.

WAS IST GERECHT UND WER ENTSCHEIDET DAS?

KURZ & KNAPP

GERECHTIGKEIT IM RECHTSSTAAT

In einem Rechtsstaat wie der Bundesrepublik Deutschland ist die Gerechtigkeit ein oberstes Ziel. Die Verfassung und die Gesetze schreiben die Regeln fest, die im Staat gelten, und diese Gesetze gelten für alle Menschen gleich. Damit sind wichtige Voraussetzungen geschaffen, damit es für alle Bürgerinnen und Bürger möglichst gerecht zugeht. Quelle: www.hanisauland.de

Gleichberechtigung

Alle Menschen haben die gleichen Rechte. So steht es auch in unserem Grundgesetz. Tatsächlich werden Menschen auch heute noch benachteiligt. Betroffen sind zum Beispiel immer wieder Frauen, Menschen mit schwarzer Hautfarbe oder Menschen mit Behinderung. Viele Organisationen setzen sich dafür ein, dass gleiche Rechte wirklich für alle gelten.

Quelle: www.hanisauland.de

KURZ & KNAPP

FRAUEN FORDERN GLEICHBERECHTIGUNG

In Deutschland begannen vor etwa 150 Jahren die Frauen um ihre Gleichberechtigung zu kämpfen. Sie wollten die gleichen Ausbildungschancen und das Wahlrecht, das es in Deutschland erst seit 1918 für Frauen gibt. Bei der Gründung der Bundesrepublik Deutschland 1949 wurde die Gleichberechtigung von Frauen und Männern im Grundgesetz festgeschrieben. Es dauerte dann aber noch viele Jahre, bis die Gesetze geändert wurden, die Frauen im Alltag benachteiligten. Tatsächlich gibt es heute immer noch viele Benachteiligungen von Frauen. Quelle: www.hanisauland.de

KURZ & KNAPP

VERSCHIEDENE GERICHTE

In Deutschland gibt es unterschiedliche Gerichte. Amtsgerichte, Landgerichte, Oberlandesgerichte und Bundesgerichte. Die Fälle von geringerer Bedeutung werden meistens vor dem Amtsgericht verhandelt. Ist der Betroffene mit dem Urteil nicht einverstanden, kann er meistens fordern, dass ein höheres Gericht den Fall noch einmal überprüft. Er geht dann, wie es in der Fachsprache heißt, „in Berufung“ oder in Revision.

Quelle: www.hanisauland.de

UNTERSCHIEDLICHE GERICHTSBARKEITEN

Es gibt außerdem verschiedene Bereiche, für die die Gerichte zuständig sind, deswegen spricht man auch von unterschiedlichen Gerichtsbarkeiten. Beispielsweise gibt es Gerichte, die sich um die Aufklärung von Straftaten kümmern. Das ist die Strafgerichtsbarkeit. Es gibt Gerichte, die Finanz- und Steuervergehen aufklären sollen, das ist die Finanzgerichtsbarkeit. Zur Verfassungsgerichtsbarkeit gehören die Gerichte, die unter anderem Fragen nach der Verfassungsmäßigkeit von Gesetzen klären.

Quelle: www.hanisauland.de

Johannes Rau
1931–2006, deutscher Politiker, Bundespräsident 1999–2004, SPD

„Ein Staat, der sich nicht am Ziel der Gerechtigkeit orientiert, ist nichts anderes als eine gemeine Räuberbande.“

„Gerechtigkeit und Gleichheit, das bedeutet für mich vor allem Respekt. Wir unterscheiden uns. Aber wir haben alle die gleichen Rechte und Pflichten.“

Olaf Scholz
65, Bundeskanzler, SPD

„Gerechtigkeit bedeutet, dass alle die gleichen Chancen haben. Gleichheit bedeutet, dass diese Chancen unabhängig davon sind, ob es ein Mann oder eine Frau ist, woher die Person kommt, welche Hautfarbe oder Religion sie hat oder wen sie liebt.“

Sherif Rizkallah
28, logo!-Moderator

WAS KANNST DU MACHEN, WENN DU UNRECHT ERFÄHRST?

Jemanden anrufen:

Nummer gegen Kummer

116111

Beim Kinder- und Jugendtelefon erhältst du montags bis samstags von 14 bis 20 Uhr eine kostenlose telefonische Beratung. Derzeit gibt es 76 Standorte in Deutschland, d. h. an Werktagen 76 offene Leitungen, die von rund 2235 ehrenamtlich tätigen, ausgebildeten Beratenden besetzt sind.

Opfer-Telefon des WEISSEN RINGS,

116006

ein Verein, der sich ehrenamtlich um Opfer von Kriminalität und Gewalt (auch in der eigenen Familie) kümmert.

Hilfe-Telefon Sexueller Missbrauch,

0800-2255530

erreichbar immer montags, mittwochs und freitags von 9 bis 14 Uhr sowie dienstags und donnerstags von 15 bis 20 Uhr, ein Angebot von N.I.N.A. e. V., nationale Infoline, Netzwerk und Anlaufstelle zu sexualisierter Gewalt an Mädchen und Jungen.

Notruf der Polizei,

110

rund um die Uhr erreichbar.

Online-Hilfe bei Cybermobbing

www.cybermobbing-hilfe.de

Unter Cybermobbing versteht man verschiedene Formen der Belästigung, Nötigung oder Diffamierung anderer Menschen unter Zuhilfenahme elektronischer Kommunikationsmittel. Betroffene erfahren dabei permanente Schikanen beispielsweise in sozialen Netzwerken wie Instagram oder TikTok.

Sich an den Schüler*innenrat wenden

Der Schüler*innenrat setzt sich aus den Klassensprecher*innen, den Stufensprecher*innen, den Vertreter*innen im Kreisschüler*innenrat und den gewählten Schulsprecher*innen zusammen. Er vertritt die Interessen der Schüler*innen in der Schule und gegenüber der Behörde.

Einen Brief an die Regierung schreiben

Hallo!
Das ist ein offener Brief – und er geht raus an all die, die darüber bestimmen, wie Bildung und Schule in Deutschland aussehen: die Politik, die Verwaltungen, die Schulleitungen …

Seit dem Beginn der Corona-Pandemie haben WIR Schüler*innen gemacht, was IHR von uns verlangt habt: Wir haben verzichtet und zurückgesteckt. Lernen wurde unter diesen Bedingungen noch schwieriger. Wäre es jetzt nicht fair, wenn IHR im Gegenzug UNS mal zuhören würdet!? (…)

Wir MÜSSEN alle die gleichen Chancen haben! Egal wer und wie wir sind, wo wir herkommen, wie wir aussehen, an was wir glauben oder wie viel Geld wir haben.

Schulen müssen SCHÖN sein. Damit meinen wir aber nicht nur, dass alles hübsch angemalt wird. Schöne Schulen sind für uns Orte zum Wohlfühlen. Und das heißt ganz praktisch: Wir wollen zum Beispiel saubere Toiletten, ansprechende Schulhöfe und eine moderne technische Ausstattung. Vor allem aber wollen wir genügend Lehrer*innen, die uns unterrichten können und dafür gut ausgebildet sind. (…)

Auszug aus dem Offenen Brief des Bürgerrats Bildung und Lernen im Rahmen der Aktion #besserlernen

„Sprecht mit uns!“

Romy Schrapp
15, engagiert sich im Bürgerrat Bildung und Lernen und hat 2023 den Offenen Brief für bessere Bildung mitunterzeichnet.

Was bedeutet für dich Politik?

Politik bedeutet für mich mitbestimmen, absprechen und gemeinsam Entscheidungen treffen.

Warum engagierst du dich für den Bürgerrat Bildung und Lernen?

Ich engagiere mich für den Bürgerrat Bildung und Lernen, weil ich möchte, dass sich unser Bildungssystem ändert bzw. WIR Kinder und Jugendliche gehört werden. Denn es ist wichtig, nicht nur über uns zu sprechen, sondern auch mit uns!

Wie kann man als Schüler oder Schülerin erreichen, dass sich in der Gesellschaft etwas ändert?

Man kann sich selbst für Dinge einsetzen und Dinge verändern. Je mehr Menschen die gleiche Meinung vertreten und dafür einstehen, desto höher ist die Chance etwas zu ändern!

Was macht dir in unserer Demokratie Hoffnung?

Dass immer mehr Leute ihre Meinungen sagen, sie vertreten und dafür einstehen.

SOLIDARITÄT

Es war bitterkalt. Vor dem Stadttor bibberte in löchrigen Lumpen ein bedauernswerter Bettler. Niemand half ihm. Er hätte sicher erfrieren können, wäre nicht Martin, ein junger römischer Soldat, vorbeigeritten. Der erkannte das Leiden des armen Mannes und das Mitgefühl veranlasste ihn, seinen warmen Mantel mit einem Schwert zu teilen. Großherzig überließ er eine Hälfte dem Bettler und rettete ihn so vor dem Kältetod. Das war im 4. Jahrhundert nach Christi Geburt und kurz vor dem Zusammenbruch des Römischen Reiches. Der junge Soldat wurde später zum Bischof ernannt und als Sankt Martin heilig gesprochen.

Die Tugend, die Sankt Martin veranlasste, aus Uneigennützigkeit zu helfen, erhielt im Lauf der Jahrhunderte viele Bezeichnungen.

Wohlwollen, Großherzigkeit, Barmherzigkeit, Caritas

wurde sie genannt und immer bestand zwischen dem Gebenden und dem Empfangenden eine irgendwie unverständliche Beziehung.

Doch in der Folge der Französischen Revolution 1789 änderte sich nicht nur der Begriff für Wohlwollen, sondern damit auch die Art der Beziehung zwischen Hilfsbedürftigen und Hilfespendenden.

„Freiheit, Gleichheit, Brüderlichkeit"

wurden damals zu den drei Grundwerten jeder demokratischen Gesellschaft erklärt, die sich inzwischen zu *„Freiheit, Gerechtigkeit, Solidarität*" als moderner Dreiklang gewandelt haben. *Solidarität* ist ein passenderer Begriff als *Brüderlichkeit*, womit im engeren Sinn des Wortes ja nur Brüder, also Männer gemeint sind. *Solidarität* als ethischer Wert verlangt nicht mehr vom Einzelnen wie im Fall des römischen Soldaten Martin dem Schwachen zu helfen, sondern jetzt treten alle im Notfall für ihre eigene Familie, die Gemeinschaft oder die Gesellschaft ein – nach dem Motto „alle für einen und einer für alle".

Wenn also der Bedürftige früher auf das Wohlwollen, auf die Barmherzigkeit von Einzelnen angewiesen war, die aus Güte oder Mitleid großherzig und selbstlos halfen, bedingt die Solidarität, dass der Notleidende gegenüber der solidarischen Gesellschaft sogar einen Anspruch auf Hilfe hat. Dieser Grundgedanke hat sich bewährt und in vielen modernen Gesellschaften dazu geführt, dass die meisten Menschen in der Not unterstützt werden. So wird zum Beispiel in Deutschland Kindern finanziell geholfen, wenn ihre Eltern nicht über genügend Geld verfügen. Neben dem Kindergeld steht bedürftigen Kindern ein monatlicher Kinderzuschlag von etwa 200 Euro zu. Darauf haben sie einen Anspruch, das bedeutet, die Gemeinschaft, in diesem Fall der Staat, muss ihnen das Geld zahlen. Man spricht deswegen auch von einer Solidargemeinschaft. Die funktioniert so: Alle, die arbeiten, zahlen in eine gemeinschaftliche Kasse, die Sozialversicherung ein. Von dem Geld, das zusammenkommt, wird denjenigen geholfen, die keine Arbeit haben. Und so wirkt auch die Krankenkasse. Alle zahlen in die Kasse ein und wird jemand krank, dann übernimmt die gemeinschaftliche Krankenkasse die Kosten.

Wichtig ist dabei, dass alle sich auch zu ihrer Gemeinschaft bekennen.

Nun sollte sich allerdings auch der Gedanke durchsetzen, dass die Gemeinschaft, die sich auf Solidarität beruft, nicht nur die eigene Gesellschaft oder einen national beschränkten Personenkreis betrifft, sondern die Menschheit insgesamt zu umfassen hat. So hebt Ethik Begriffe wie Ausland oder Ausländer auf. Deshalb spenden viele Menschen in Deutschland für Kinderhilfswerke (wie etwa Plan International). Mit dem gespendeten Geld werden z. B. in Afrika und anderen armen Gegenden Schulen gebaut, damit Mädchen in die Schule gehen können. Allerdings stehen nie ausreichend Mittel zur Verfügung, um allen gerecht zu helfen.

Neben Freiheit und Gerechtigkeit ist Solidarität ein Grundpfeiler des sozialen Rechtsstaates.

KURZ & KNAPP

SOLIDARITÄT

bedeutet, sich gegenseitig zu unterstützen.

GEGENSEITIGE HILFE

Du hast den Eindruck, dass dein Freund von einem Lehrer ungerecht behandelt wird. Du stehst auf und sagst es laut. Du stellst dich also auf seine Seite, zeigst dein Zusammengehörigkeitsgefühl mit deinem Freund. „Solidarität" kommt aus dem Lateinisch-Französischen und heißt genau das: „Zusammengehörigkeit".
Es können auch mehrere Personen oder Gruppen sein, die sich gegenseitig helfen und unterstützen und zum Beispiel durch Nachbarschaftshilfe zeigen, dass sie „solidarisch" sind. In der christlichen Religion heißt die Solidarität mit den Armen „Nächstenliebe". Quelle: www.hanisauland.de

WURZELN IN DER ARBEITERBEWEGUNG

Politisch hat sich dieses solidarische Handeln im 19. Jahrhundert entwickelt, als sich die Menschen in der sogenannten Arbeiterbewegung für bessere Lebens- und Arbeitsbedingungen einsetzten. Solidarität kann also auch ausgeübt werden, wenn man sich persönlich gar nicht kennt. Man fühlt sich dann solidarisch, weil jemand die gleiche politische Überzeugung wie man selbst hat oder weil es ihm schlecht geht und er Not leidet.

Quelle: www.hanisauland.de

SOLIDARITÄT HEISST AUCH: MENSCHEN ASYL GEWÄHREN

Solidarität in einer Gesellschaft brauchen auch Minderheiten und Randgruppen, die benachteiligt werden. Solidarität brauchen Menschen, die hungern, was in vielen Ländern der Erde der Fall ist. Und auch Menschen, die auf der Flucht sind, weil sie politisch verfolgt werden, brauchen unsere Solidarität. Ein Zeichen dieser Solidarität ist unsere Bereitschaft, diesen Menschen Asyl zu gewähren.

Quelle: www.hanisauland.de

WAS VERSTEHST DU UNTER SOLIDARITÄT?

Wenn man etwas gibt, bekommt man auch etwas zurück

In meiner Heimat Syrien ist es normal, dass man sich gegenseitig hilft, es ist sogar respektlos es nicht zu tun. Ich muss mir keine Sorgen machen, dass meine Oma ihren schweren Einkauf nicht nach Hause bekommt, da ich mir sicher bin, dass die netten Kinder aus der Nachbarschaft ihr dabei helfen. Als Dankeschön erhalten sie jeden Freitag köstliches Gebäck bei Oma Hava. In unserer Gemeinschaft beruht das Geben und Nehmen auf einem wunderbaren Austausch. Wenn man etwas gibt, bekommt man auch etwas zurück – das muss nicht nächsten Freitag sein, aber irgendwann in der Zukunft.

Hanen Khalid Albasher Albakoush, 18, Max Brauer Schule in Hamburg

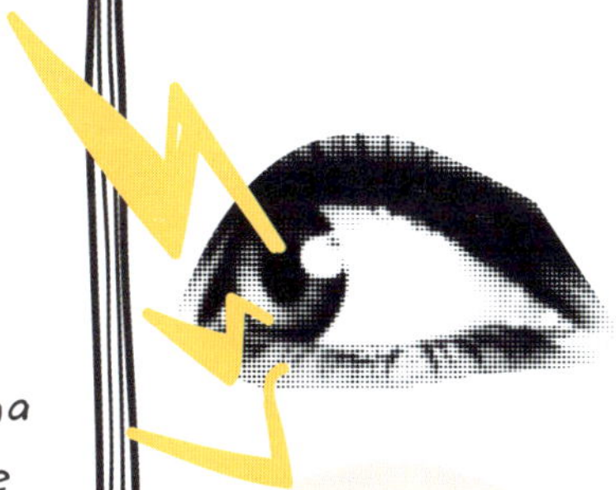

„Die Bundesrepublik Deutschland ist ein demokratischer und sozialer Bundesstaat."
(Grundgesetz, Artikel 20)

KURZ & KNAPP

SOZIALSTAAT

Der Begriff „sozial" kommt aus dem Lateinischen und heißt „gemeinsam", „verbunden". In einem Sozialstaat soll niemand allein gelassen werden, wenn er durch schwierige Umstände wie zum Beispiel Krankheit oder Arbeitslosigkeit in Not geraten ist. Der Staat unterstützt durch die Sozialhilfe mit dem Nötigsten. Der Staat sorgt auch für alte und kranke Menschen, wenn sie selbst oder ihre Angehörigen dazu nicht in der Lage sind. Quelle: www.hanisauland.de

SOLIDARITÄT …

„… braucht Menschlichkeit und Mitgefühl und ist Teil des christlichen Menschenbildes. Sie kann dazu beitragen, den Zusammenhalt zu stärken und Herausforderungen gemeinsam zu bewältigen."

Ronja Kemmer
35, Abgeordnete im Deutschen Bundestag, CDU

„… ist die bewusste Bereitschaft, durch Selbstbeschränkung die Freiheit aller zu mehren; sie kann nicht verordnet, wohl aber muss sie geweckt und motiviert werden."

Willy Brandt
1913–1992, deutscher SPD-Politiker, Bundeskanzler 1969–1974, SPD

Gregor Gysi
76, Politiker, Die Linke

„… gerät in unserer Gesellschaft, die mehr vom Egoismus geprägt ist, als für unser Zusammenleben gut ist, immer mehr in den Hintergrund. Doch ohne solidarisch zu sein, verlieren wir Schritt für Schritt unsere Menschlichkeit. Kann Europa sich wirklich auf die Werte von Freiheit, Gleichheit und Brüderlichkeit berufen, wenn es vor seinen Stränden jedes Jahr Tausende Geflüchtete im Mittelmehr ertrinken lässt?"

„… bedeutet jenen Personen Starthilfe zu geben, die nicht die gleichen Chancen hatten."

Sherif Rizkallah
28, logo!-Moderator

ANDEREN HELFEN – WIE DAS GEHT? GANZ EINFACH

Der neuen Mitschülerin aus einem anderen Land die Hausaufgaben erklären. Oder bei Opa den Rasen mähen. Solidarität fängt schon zu Hause und in der Schule an. Aber du kannst auch ein Ehrenamt in der Gesellschaft übernehmen oder in einem gemeinnützigen Verein tätig werden.

ICH HABE VIEL VON DEN KINDERN GELERNT

Mein Name ist Sarah, ich bin 18 Jahre alt und habe von August 2020 bis April 2021 ein Freiwilliges Soziales Jahr in einer Kindertagesstätte gemacht. Viele haben die Vorurteile, dass der Arbeitsalltag aus Spielen und Kaffee trinken bestehe. Doch genau das hat das FSJ in der Kita widerlegt. (…) In den sieben Monaten meines FSJs habe ich viel mehr über mich als Person dazugelernt. Ich weiß, dass ich auf meine Überzeugungen und Entscheidungen vertrauen kann, und konnte diese auch problemlos in den Kindergartenalltag integrieren. Dies zeigt mir, dass ich auch in Zukunft darauf vertrauen kann, die für mich richtige Entscheidung zu treffen. Nicht nur ich konnte den Kindern was mit auf den Weg geben, sondern auch andersrum. Ich habe gelernt, dass es in Ordnung ist, wenn man unterschiedliche Stärken hat, dass man auch alleine unglaublich viel schaffen kann oder dass man niemanden unterschätzen darf. Das sind nur ein paar von den unzähligen Dingen, die ich in meinem FSJ von den Kindern gelernt habe. (Sarah, 18)

KURZ & KNAPP

EHRENAMT

Wer ein Ehrenamt ausübt, setzt sich für etwas ein, was er oder sie wichtig findet. Sehr oft hilft die Person anderen Menschen. Ehrenamtliche arbeiten an vielen Orten, zum Beispiel in Jugendgruppen, im Sportverein und in anderen Vereinen. Die meisten Ehrenämter sind freiwillig. Bezahlt wird man dafür nicht. Quelle: www.hanisauland.de

„Wir verstehen uns als Brücke“

Asmara Habtezion
39, hat 2014 den Solidaritätsverein „Asmaras World e. V.“ gegründet, der Geflüchtete in ihrem Alltag in Hamburg unterstützt

Was hat dich dazu bewegt, den Verein „Asmaras World“ zu gründen?

2014 gab es das große Sterben von Geflüchteten auf dem Mittelmeer mit Hunderten von Toten, von denen viele aus Eritrea kamen. Jene, die es nach Hamburg geschafft hatten, kamen damals auf mich zu, ob ich für sie übersetzen kann. Weil ich Asmara heiße, wie die Hauptstadt von Eritrea. Ich habe dann mit Freunden angefangen, Geflüchtete zu unterstützen, die Hilfe brauchen. Und dann kamen immer mehr Anfragen um Hilfe, für Kleidung, Spielzeug für die Geflüchteten. Das war ein Dominoeffekt. Meine Freunde kamen aus Gambia, Kapverden, Nigeria, wir sind alle in Hamburg groß geworden und konnten dann die Sprachen der Leute, denen wir geholfen haben. So kam es zu einer Facebook-Seite und dann im nächsten Schritt zur Vereinsgründung. Es ging darum: einfach nur zu machen.

Mit was für Problemen kommen die Leute zu deinem Verein?

Meistens geht es um sprachliche Barrieren und um rechtliche Beratung zu dem bürokratischen System in Deutschland. Das heißt: asylrechtliche Belange, Aufenthaltsrecht, Besuche bei Ärzten – das ist ein ganz großes Problem bei den Leuten – und Beratung zu Kitas. Und überhaupt brauchen sie einfach Support, weil migrantische Personen oft so betrachtet werden, als seien sie dumm, bloß weil sie die Sprache nicht beherrschen.

Du begegnest da also auch vielen Vorurteilen und Rassismus?

Definitiv. Sehr viel Rassismus. Und dabei geht es oft gar nicht um den Rassismus von Einzelnen, sondern um den institutionellen Rassismus. Beispiel: Es ist fast eine Schande, dass in einer Stadt wie Hamburg so wenige Sprachvermittler in Krankenhäusern sind. Es gibt auch keine Finanzierung für Dolmetscher, die

migrantische Menschen zu Arztbesuchen begleiten. Ohne die Sprache der Ärzte und Psychologen zu verstehen, gibt es aber auch keine Behandlung. Es ist institutionell verankerter Rassismus, dass es nur Deutsch als Behördensprache gibt.

Sind Rassismus und Diskriminierung immer noch Teil unserer Gesellschaft?

Ja, sehr stark. Es wird auch wieder schlimmer. Menschen, die in einer privilegierten Situation leben, fällt es schwer, etwas von ihren Privilegien abzugeben. Stattdessen rückt die Gesellschaft nach rechts. Und dann heißt es: Wir und die. Auch der Rassismus bei der Polizei ist gewachsen. Ich finde, es hat in unserer Gesellschaft einen Wandel gegeben.

Warum ist ein Verein wie deiner notwendig in Bezug auf die derzeitige Politik und Gesellschaft?

Weil wir ganz nah dran sind an den Menschen, die hergekommen sind und Unterstützung brauchen. Und auch an Menschen, die schon lange hier sind, wie ich selbst. Denn auch von denen kommen Jugendliche zu uns. Wir haben einen Einblick in das, was die Menschen bewegt und für deren Belange es sonst keine Lobby gibt. Wir verstehen uns als Brücke: Wir können mit Politikern verhandeln und ihnen Fälle und Tatsachen vorlegen. Und genauso können wir Leuten Gesetze erklären und sie ermutigen, ihre Rechte in Anspruch zu nehmen. Das ist Empowerment: zu verstehen, das ist meine Situation und das sind meine Möglichkeiten.

Das Interview führte Cem Kaan Hasanbeyoglu, 18, Max Brauer Schule in Hamburg

TOLERANZ

Wegen der kleinsten Dummheiten kommt es immer wieder zu unnötigem Streit. Und worum geht es dann meist? Um die Frage, wer recht hat. „Ich habe recht!“, ruft die eine. „Nein, ich habe recht!“, ruft der andere. Und beide sind fest davon überzeugt, recht zu haben. Wenn es sich nur um Rechenaufgaben handelt, lässt sich das Ergebnis schnell überprüfen. Drei mal fünf sind nun mal fünfzehn. Habe ich recht?

Über viele Dinge kann man zwar streiten, aber häufig gibt es keine eindeutige Lösung. Die eine hasst Spinat und ruft: „Igitt!“, wenn er auf den Tisch kommt. Der andere liebt Spinat und schwärmt: „Köstlich! Kann ich bitte noch mehr haben?“ Um den Streit zu schlichten, hilft es in diesem Fall nur, sich an die Redewendung zu halten: Über Geschmack lässt sich nicht streiten.

Verzwickter wird es bei sehr ernsten Fragen, bei denen jeder glaubt, nur er könne recht haben, etwa wenn es um politische oder religiöse Fragen geht.

Ein Christ glaubt an Gott, und zwar an einen einzigen Gott, der die Welt erschaffen hat. Ein Buddhist glaubt an keinen Gott, sondern folgt den Lehren des weisen Mannes Siddhartha, der vermutlich im 4. Jahrhundert vor Christi Geburt gelebt hat. Er wird als der historische Buddha bezeichnet. Nun mag ein Christ fest an seine Religion glauben, an die Zehn Gebote und dass nach dem Tod das Paradies wartet. Im Wesentlichen geht es beim christlichen Glauben um die Bejahung Gottes und seiner Autorität: Der Buddhist dagegen glaubt in seiner Religion an keinen Gott und an kein Paradies. Er glaubt daran, dass die strengen Tugendregeln Buddhas richtig sind und befolgt werden sollten.

Nun heißt Glauben nicht Wissen und niemand kann selbst mit dem schnellsten Computer nachweisen, ob nun der Christ oder der Buddhist recht hat.

Aber warum glauben sie beide? Weil sie das, woran sie glauben, schon in frühester Kindheit, als sie noch nicht selbstständig denken konnten, von ihren Eltern, Großeltern, Lehrern oder Geistlichen gehört haben.

Und die müssen es doch wissen, oder? Wenn beide zu ihrem jeweiligen Glauben stehen und ihn mit fester Überzeugung mit der Behauptung verteidigen: „Ich habe recht!", wie soll man dann zu einer Lösung des Streits kommen?

Muss man das überhaupt? Ja, denn seit Jahrhunderten sind solche Streitigkeiten in Gewalt ausgeufert, wurden Frauen als Hexen verbrannt, haben sich gegenseitig viele Menschen in Religionskriegen getötet, weil sie meinten, der andere vertrete einen falschen Glauben. Und leider werden auch heute immer noch Menschen umgebracht, weil sie angeblich das Falsche glauben. Damit Eintracht herrscht, gilt es, tolerant zu sein.

Denn einer der wichtigsten Werte für das friedliche Zusammenleben der Menschen ist die Toleranz.

Es gibt keine absolute Wahrheit. Um mich der Aussage, was recht ist, anzunähern, muss ich zunächst den anderen verstehen. Es bieten sich drei Handlungsregeln an, um herauszufinden, was wahr sein könnte und um den Streit zu regeln.

Erstens: Die Streitenden billigen von Anfang an die Spielregeln. Vielleicht habe ich unrecht und vielleicht hast du recht. Aber wir können auch beide unrecht haben. Damit dulde ich den anderen nicht nur, sondern erkenne ihn als gleichberechtigt an. So zu denken, wird manch einem schwerfallen.

Zweitens: Die Streitenden versuchen im Gespräch die Gründe für und wider ihre Aussage möglichst sachlich abzuwägen. Also keine Gefühle, keine Beschimpfungen wie „du bist eben zu dumm".

Drittens: Durch die vernünftige Diskussion nähern wir uns fast immer der Wahrheit oder kommen wenigstens dazu, den anderen besser zu verstehen. Auch dann, wenn wir zu keiner Einigung kommen. Wer recht hat, bleibt offen. Dann können wir den Streit wenigstens beilegen.

Die Toleranz hat jedoch auch ihre Grenzen. Die Intoleranz vieler Menschen, politischer oder religiöser Führer, bringt immer noch Unglück und kostet gar Menschenleben. Intoleranz führt häufig zu Gewalt und sollte deshalb nicht geduldet, sondern mit aller Kraft bekämpft werden. Intoleranz darf niemand dulden!

KURZ & KNAPP

TOLERANZ

Menschen sind tolerant, wenn sie andere Meinungen gelten lassen. Sie dulden, dass andere Menschen anders leben, eine andere Religion als sie selbst haben, anders kochen, andere Musik hören.
Die Achtung von unterschiedlichen Meinungen ist wichtig in einer Demokratie.

Quelle: www.hanisauland.de

GLAUBEN

In Deutschland kann jeder glauben, was er oder sie möchte. Und wer keinen Glauben hat, kann ohne Glauben leben. So steht es in unserem Grundgesetz. Quelle: www.hanisauland.de

GRENZEN DER TOLERANZ

Die Toleranz hat auch Grenzen. Wer gegen Gesetze verstößt, also zum Beispiel gegenüber einem anderen Menschen gewalttätig ist, egal aus welchen Gründen, kann nicht mit Toleranz rechnen. Das Gegenteil von Toleranz ist übrigens Intoleranz. Quelle: www.hanisauland.de

„Toleranz ist bewusste Gelassenheit. Ob alt oder jung, Dorfkind oder Städter, Mann oder Frau, Bundeskanzler oder Tischlerin: Wir sind unterschiedlich und genau darin liegt unsere Stärke."

Olaf Scholz
65, Bundeskanzler, SPD

„Toleranz bedeutet, Ansichten, Meinungen, Lebensweisen und Überzeugungen zu akzeptieren, selbst wenn diese nicht den eigenen entsprechen."

Ronja Kemmer
35, Abgeordnete im Deutschen Bundestag, CDU

„Für religiöse Intoleranz ist in Deutschland kein Platz"

Robert Habeck
54, Wirtschaftsminister, Bündnis 90/Die Grünen, in einer Rede zu Israel und Antisemitismus am 2.11.2023

UND WIE TOLERANT BIST DU? Wenn jemand ...

... Klamotten trägt, die absolut nicht angesagt sind.	Geht gar nicht.	☐ ☐ ☐ ☐ ☐	Kann doch jede/r machen, wie er/sie will.
... oder in seinem Kleidungsstil auffällt wie ein bunter Papagei.	Zirkuspferd, oder was?	☐ ☐ ☐ ☐ ☐	Kleidung ist überhaupt nicht wichtig.
... die Musik hört, die deine Großeltern mögen.	Hat den Schuss nicht gehört.	☐ ☐ ☐ ☐ ☐	Finde ich spannend.
... sich nur vegan ernährt.	Weltverbesserer kann ich nicht ausstehen.	☐ ☐ ☐ ☐ ☐	Super, wenn jemandem Klima und Tierwohl wichtig sind.
... nur Einsen schreibt	Streber!	☐ ☐ ☐ ☐ ☐	Würde ich auch gern!
... mit 15 noch nicht lesen kann.	Wie dämlich ist das denn?	☐ ☐ ☐ ☐ ☐	Niemand kann etwas dafür, wenn er Legasthenie hat.
... sehr dick ist – vielleicht Adipositas hat.	Besser mal weniger essen!	☐ ☐ ☐ ☐ ☐	Vielleicht ist das eine Stoffwechselkrankheit.
...sehr schüchtern ist und schnell rot wird.	Da lach ich drüber.	☐ ☐ ☐ ☐ ☐	Könnte mir auch passieren.

KURZ & KNAPP

ANTISEMITISMUS

Wenn Menschen Juden und Jüdinnen gegenüber feindlich eingestellt sind, nennt man das „Antisemitismus". Das kann sich in Beschimpfungen äußern, in Lügen, Erniedrigungen und Ungerechtigkeiten. Es kann sich aber auch in körperlicher Gewalt zeigen oder sogar in organisierter Massentötung. Quelle: www.hanisauland.de

... IST VERBOTEN

Antisemitische Handlungen und Äußerungen sind in Deutschland verboten. Trotzdem gibt es immer noch Antisemitismus. Besonders in Kreisen von Neonazis werden judenfeindliche Parolen verbreitet oder an Wände geschmiert und jüdische Grabmale geschändet. Die Täter werden verfolgt und bestraft. Quelle: www.hanisauland.de

... IM NATIONALSOZIALISMUS

Antisemitismus gab und gibt es in der Geschichte und in verschiedenen Regionen auf der Erde immer wieder. Die schlimmste Form von Antisemitismus gab es in Deutschland in der Zeit des Nationalsozialismus. Von 1933 bis 1945 hatte eine Partei in Deutschland die Macht. Diese Partei wird kurz NSDAP oder „die Nationalsozialisten" genannt. Der Anführer der Partei war Adolf Hitler. Hitler herrschte als Diktator. Das heißt, er durfte alles bestimmen. Hitler und die Nationalsozialisten waren Antisemiten. Sie haben die Juden in Deutschland und Europa verfolgt und getötet. Viele Millionen Juden sind ermordet worden. Man nennt diesen Völkermord auch Holocaust oder Shoah. Quelle: www.bpb.de

Was kann man gegen Antisemitismus tun?

Ein wichtiger Ort für die Bekämpfung von Antisemitismus sind Schulen. Die Organisation „Bildungsstätte Anne Frank e. V." gibt dazu Handreichungen, hilft Menschen in diesem Umfeld aktuelle Formen von Antisemitismus zu erkennen und zeigt auf, was man dagegen tun kann. Antisemitische Vorfälle kann man beim „Bundesverband der Recherche- und Informationsstellen Antisemitismus e. V." (www.report-antisemitism.de) melden.

7. Oktober 2023

An diesem Tag überfiel die Terrororganisation Hamas Israel und tötete über 1200 Menschen. Israelische Soldaten marschierten danach in den Gazastreifen ein, um die Hamas zu bekämpfen, dabei starben viele der dort lebenden Palästinenserinnen und Palästinenser. Seitdem hat sich auch in Deutschland der Antisemitismus wieder verstärkt.

„Ich weine mich durch mein Leben“

von Dana Vowinckel

Am 07. Oktober wache ich im New Yorker WG-Zimmer meines Freunds auf und lese eine E-Mail mit dem Betreff „Angriff“. Darin steht, dass die Verfasserin, die Leiterin der Rechteabteilung meines Verlags, hofft, meine Lieben seien in Sicherheit, es sei furchtbar. Mir wird schwindlig, ich mache ein Geräusch, das meinen Freund weckt, öffne die New-York-Times-App und stelle kurz erleichtert fest, dass es keinen Anschlag auf meine Heimatsynagoge in Berlin gegeben hat, wie ich vermutete, und dann, das Gegenteil von Erleichterung, dass es einen Anschlag auf den Staat Israel gab.

Seitdem weine ich mich durch mein Leben. Durch das Museum, das wir besuchten, um nicht im WG-Zimmer zu hocken, durch den Abend, der letzte Abend in New York. Ich habe auf dem Nachtflug nicht geschlafen, und seither schlafe ich, wenn überhaupt, von fünf Uhr morgens bis elf oder zwölf, mein Körper hängt noch in einer anderen Zeitzone, schleppt sich durch den Tag, und nachts ist er panisch und hellwach. Ich weine auf der Bühne, während ich aus meinem Roman, der in Israel spielt, vorlese; allein in einer Badewanne voll mit Tränen und Schaum und völlig schamlos vor Fremden, vor meinem Verleger und vor Schriftstellern, vor denen ich sonst vor Ehrfurcht kein Wort rauskriegen würde. Um die unschuldigen Palästinenser, die im Gazastreifen festsitzen, um die israelischen Geiseln, um Yarden, die ihr Kind retten konnte, aber nicht sich, um Yaffa, die zu alt für diese Scheiße ist. Um die Kinder, all die Kinder, die zu jung für diese Scheiße sind, die israelischen, die zurück zu ihren Eltern müssen, die palästinensischen, die nicht wissen, was ein Terrorist ist, die israelischen, die es nun wissen und nicht wissen sollten, die palästinensischen, die noch nie wissen durften, was Frieden ist.

Quelle: Auszug aus einem Text von Dana Vowinckel, erschienen in der ZEIT am 27.10.2023

Dana Vowinckel,

28, wuchs in einer deutsch-amerikanisch-jüdischen Familie auf. 2023 erschien ihr Debütroman „Gewässer im Ziplock“. Sie lebt in Berlin und New York.

LGBTQIA2S+ – WIE BITTE?

In Deutschland darf jeder Mensch seine sexuelle Orientierung und Geschlechtsidentität frei ausleben. Das Gesetz beschützt lesbische, schwule, bisexuelle, transgender, transsexuelle, intersexuelle und alle anderen queeren Menschen. LGBTQIA2S+ sind englische Abkürzungen. Sie stehen für:

Lesbian/lesbisch: Eine homosexuelle Frau

Gay/schwul: Jede homosexuelle Person

Bisexual/bisexuell: Eine Person, die sich sowohl zu Männern als auch zu Frauen hingezogen fühlt (sowie Personen, die sich als männlich oder weiblich präsentieren).

Transgender: Eine Person, deren Geschlechtsidentität sich von dem Geschlecht unterscheidet, das ihr bei der Geburt zugewiesen wurde.

Queer: Ein Sammelbegriff, der alle nicht heterosexuellen Personen beschreibt und nicht sich mit ihrem Geburtsgeschlecht indentifizierende Personen.

Questioning/fragend: Eine Person, die sich über ihre sexuellen Präferenzen oder ihre Geschlechtsidentität nicht sicher ist.

Intersex/intersexuell: Eine Person, die mit biologischen Merkmalen geboren wird, die nicht streng männlich oder weiblich sind.

Asexual/asexuell: Eine Person, die sich sexuell nicht zu anderen hingezogen fühlt.

2 Two **S**pirit: Eine Person, die sich als männlich und weiblich identifiziert.

+: Jede nicht-heteronormative Person, die in den vorangegangenen neun Kategorien nicht enthalten ist.

„Ich möchte nicht anders behandelt werden"

Aaron, 18, hat mit 13 Jahren seine Transition begonnen. Mit Transition wird der Übergang von einem Geschlecht in ein anderes bezeichnet. Dazu können Dinge gehören wie: eine neue Frisur, das Entfernen von Körperbehaarung, andere Klamotten, eine Hormontherapie, eine Veränderung in der Stimme bis hin zu Brust- und Intimoperationen.

„Für jede einzelne Veränderung kriegt man neue Blicke. Sie können geschockt, verwirrt oder angeekelt sein, ein Grund, warum viele Transpersonen sich vor dem ersten Schritt fürchten", sagt Aaron, ein schmaler Junge, dessen Nervosität sich in einem wippenden Bein widerspiegelt. Er trägt ausschließlich weite Klamotten. Die betonen seine Figur nicht so sehr, sagt er, was ihm hilft, sich wohler in seiner Haut zu fühlen. Ein sogenannter „Binder" darf auch nicht fehlen, der flacht die Brust ab und hilft beim „maskulinen Look", wie Aaron es ausdrückt. Er sagt, am liebsten würde er gar nicht besonders auffallen.

„Ich möchte nicht anders behandelt werden. Das Einzige, was ich wirklich will, ist, dass man mich nicht bei meinem Deadname nennt. Das ist nicht zu viel verlangt, oder? Natürlich kann ich es verstehen, wenn man mich nicht kennt, da ich ja noch Pre-OP bin, aber bei meinen Freunden achtet jeder darauf."

Ein Deadname ist der Geburtsname einer Transperson, mit der die Person sich nicht länger identifiziert. Pre- oder Post-OP wird der Zeitraum vor oder nach einer plastischen Operation genannt, die Teil der Transition ist.

Wie sieht es in der Schule für einen Transjungen wie Aaron aus?

„Es kommt immer auf die Schule drauf an, bei meinen Mitschülern werde ich akzeptiert, wie ich bin, aber das war auch mal anders. Ich hatte Glück, dass meine Schule einen Vertrauenslehrer, der selbst queer ist, hat und ich mit ihm über so einen Kram reden kann.

Therapieplätze sind selten und der Fakt, dass man im falschen Körper geboren ist, bringt oft einige körperliche Verwirrungen, Depressionen und anderes mit sich."

Text von Carl Freter, 18, Max Brauer Schule

RESPEKT UND INTEGRATION

Jeder Mensch ist irgendwo der Fremde. Das habe ich häufig selbst erfahren. Es fing damit an, dass ich in Tokyo, der Hauptstadt von Japan, geboren wurde. Weil mein Vater damals dort für die deutsche Botschaft arbeitete. Ich sprach mit meinen Eltern Deutsch. Aber ich spielte draußen mit japanischen Kindern und lernte von klein auf auch Japanisch sprechen. Mein etwas älterer Bruder war in Shanghai, in China geboren. Er konnte Japanisch genauso gut sprechen wie ich. Weil wir in einem Land, wo die meisten schwarze Haare haben, mit unseren hellblonden Locken auffielen, haben die japanischen Eltern manchmal sehr verwundert, aber voller Respekt auf uns gezeigt.

Als wir fünf und sechs Jahre alt waren, zogen wir in ein kleines Dorf im Sauerland in Deutschland. Dort nannten uns die einheimischen Kinder sofort „die Japaner“. Denn wir hatten anders als sie Spiele mit Bären und Tigern, hatten hohe Stimmen wie japanische Kinder. Aber sie behandelten uns mit Respekt.

Als ich dreizehn war, musste ich auf eine französische Schule in Paris gehen, weil mein Vater jetzt dort arbeitete. Aber ich konnte kaum Französisch. Da sagte der französische Lateinlehrer: „Du kannst die Lateinarbeit ruhig ins Deutsche übersetzen, ich kann das verstehen. Denn ich war im Krieg in deutscher Gefangenschaft.“ Das war nett gemeint und mit Respekt gesagt. Das heißt, er hat sich in mich hineinversetzt, meine Gefühle als Fremder erkannt und weil er mich achtete, wollte er mir helfen. Er hätte ja auch sagen können, im Krieg waren wir Feinde, und du bist der Sohn der Feinde. Aber auf diese Idee kam er gar nicht.

Leider fehlt vielen Menschen – nicht nur in Deutschland – der Sinn für den Respekt vor anderen. Wer wie ein Fremder wirkt, wird auf der Straße oder im Bus schon einmal blöd angemacht. Da erzählte mir letztens eine junge Deutsche, die in Essen geboren und aufgezogen wurde, jemand habe laut zu ihr in der Straßenbahn gesagt: „Geh doch dahin zurück, wo du herkommst." Wo soll sie hin? Sie stammt aus Essen, aber sie hat eine dunkle Hautfarbe wie ihr Großvater, der einst aus dem Senegal eingereist war. Diese Respektlosigkeit nennt man Rassismus. Und leider wird in Deutschland zu wenig gegen Rassismus getan.

Rassismus beginnt mit Vorurteilen, die jemand gegenüber anderen hat, weil sie fremd auf ihn wirken.

Solche Vorurteile können dann dazu führen, dass man bestimmte Menschen bei etwas nicht mitmachen lässt. Es geht sogar so weit, dass Menschen wegen ihres Fremdscheinens benachteiligt werden. Der Bouncer vor der Disco lässt jemand mit einer dunkleren Hautfarbe nicht in den Club. Und ganz entsetzlich: In den vergangenen Jahren hat es auch in Deutschland immer wieder Morde an Menschen gegeben, die von Rassisten als Fremde in unserer Gesellschaft abgelehnt werden. Das hat in Deutschland zur Zeit der Nationalsozialisten unter Hitler zu entsetzlichen Morden an Millionen von Juden, Roma und Sinti, Homosexuellen und Regimegegnern geführt. Daraus sollten die Deutschen lernen, aber leider sind rassistische Vorstellungen in Deutschland immer noch weit verbreitet.

Deshalb müssen alle aufgeklärten Menschen zusammenhalten. Wir dürfen niemanden ausschließen.

Und wir müssen denen helfen, die hierherkommen und vielleicht nicht gut Deutsch sprechen, sich einzugliedern, sich zu integrieren. Aber wenn wir miterleben, wie jemand einen anderen Menschen respektlos behandelt, dann dürfen wir nicht schweigen, sondern müssen uns für den anderen einsetzen. Mit aller Kraft und ohne zu zögern. Oder uns Hilfe dazuholen.

KURZ & KNAPP

INTEGRATION

Übersetzt aus dem Lateinischen heißt „Integration" „Wiederherstellung eines Ganzen". Im deutschen Sprachgebrauch kann es auch als „Eingliederung" verstanden werden. Quelle: www.hanisauland.de

BEISPIEL FÜR INTEGRATION

Wenn ein neuer Schüler in eure Klasse kommt und sich mit eurer Hilfe in die Klassengemeinschaft gut einfügt, dann wird er integriert. Ausländer*innen, die in Deutschland bleiben möchten und bei uns vielleicht Asyl erhalten haben, werden in die deutsche Gesellschaft eingegliedert. Quelle www.hanisauland.de

Woran Integration oft scheitert: an Diskriminierung und Rassismus

KURZ & KNAPP

DISKRIMINIERUNG

Wenn einzelne Menschen oder Gruppen benachteiligt werden, weil sie zum Beispiel eine andere Hautfarbe oder eine andere Religion haben, so werden sie diskriminiert. Die Gründe dafür können sehr unterschiedlich sein. Oft spielen Vorurteile eine Rolle. So haben manche Menschen ohne Grund eine schlechte Meinung von Menschen fremder Herkunft. Sie behandeln diese Menschen deshalb unfair und ungerecht. Das ist Diskriminierung. Quelle: www.hanisauland.de

RASSISMUS

Der Rassismus behauptet, dass eine bestimmte Art von Menschen, zum Beispiel die Menschen mit weißer Hautfarbe, besser und zu größeren Leistungen fähig seien als andere Menschen. Meist versuchen Menschen mit solchen unsinnigen Aussagen, den eigenen Stellenwert zu erhöhen und andere, ihnen fremde Menschen und Völker abzuwerten, auf eine niedrigere Stufe zu stellen.

Quelle: www.hanisauland.de

„Niemand wird mit dem Hass auf andere Menschen wegen ihrer Hautfarbe, ethnischen Herkunft oder Religion geboren. Hass wird gelernt. Und wenn man Hass lernen kann, kann man auch lernen zu lieben."

Nelson Mandela
1918–2013, erster Schwarzer Präsident Süfafrikas

„Rassismus gedeiht da, wo er geleugnet wird."

Doudou Diène
82, ehemaliger Sonderberichterstatter der Vereinten Nationen

WIDERSTAND GEGEN RASSISMUS

1963

„I Have a Dream"

„Ich habe einen Traum" ist der Titel einer berühmten Rede von Martin Luther King, die er am 28. August 1963 beim Marsch auf Washington für Arbeit und Freiheit vor mehr als 250.000 Menschen vor dem Lincoln Memorial in Washington, D. C. hielt. Die Rede fasste die wichtigsten Forderungen der Bürgerrechtsbewegung für die umfassende Gleichstellung der Afroamerikaner*innen in den Vereinigten Staaten zusammen.

2020

Black Lives Matter

(BLM, englisch für Schwarze Leben zählen) ist eine internationale Bewegung, die in den Vereinigten Staaten entstanden ist und sich gegen Gewalt gegen Schwarze bzw. People of Color einsetzt. Black Lives Matter organisiert regelmäßig Proteste gegen die Tötung Schwarzer durch Polizeibeamte und zu anderen Problemen wie Racial Profiling, Polizeigewalt und Rassismus. Ihren Höhepunkt hatte die Bewegung 2020 nach dem Erstickungstod des Afroamerikaners George Floyd in Minneapolis, der durch Polizeigewalt starb.

2024

Demos gegen rechts

Mehr als zwei Millionen Menschen gingen in zahlreichen Städten in Deutschland im Januar und Februar auf die Straße, um gegen Rechtsextremismus und für Demokratie zu demonstrieren. Auslöser war die Aufdeckung eines Treffens von rechten Politikern und Rechtsextremen im November 2023 in Potsdam, auf dem die Beteiligten eine massenhafte Abschiebung von Menschen mit Migrationshintergrund planten.

SCHULE OHNE RASSISMUS – SCHON MAL DAVON GEHÖRT?

Schule ohne Rassismus
Schule mit Courage

Seit über 25 Jahren unterstützt das Courage-Netzwerk Schulen bei ihrem Einsatz gegen Diskriminierungen jeder Art. Aber was heißt es genau, eine „Schule ohne Rassismus – Schule mit Courage" zu sein? Dabei verpflichtet sich die Schule, sich nachhaltig für die Gleichwertigkeit aller Menschen und gegen jede Form von Diskriminierung einzusetzen. Kommt es allerdings doch einmal zu Gewalt und Diskriminierungen, müssen sich die Schulmitglieder aktiv mit der Situation auseinandersetzen. Bisher tragen über 4000 Mitgliedsschulen das schwarz-weiße Logo des Netzwerks oft gut sichtbar an ihrer Fassade, und Woche für Woche kommen neue hinzu.

„Ich bringe eine andere Perspektive mit“

Reem Alabali-Radovan

33, 1990 in Moskau geboren, ist seit Dezember 2021 Staatsministerin und Beauftragte der Bundesregierung für Migration, Flüchtlinge und Integration und seit 2022 die Beauftragte der Bundesregierung für Antirassismus, SPD.

Frau Alabali-Radovan, wann haben Sie begonnen sich politisch zu engagieren und was gab damals den Ausschlag?

Politik hat mich schon immer interessiert, ich habe auch Politikwissenschaften studiert. Den Ausschlag, selbst aktiv in die Politik zu gehen, gaben dann die Anschläge von Halle und Hanau. Das war eine Zäsur, ein Schock, der mir gezeigt hat: So kann es nicht weitergehen! Ich will laut statt leise sein gegen Rassismus und Antisemitismus. Ich will selbst mitmachen und mitgestalten, damit es besser wird. Darum bin ich in die Politik gegangen.

Sie wurden als Tochter irakischer Eltern in Moskau geboren, kamen 1996 mit Ihrer Familie nach Mecklenburg-Vorpommern. Welche Rolle spielt dieser Hintergrund bei Ihrer politischen Arbeit?

Ich bringe eine andere Perspektive mit, sowohl aus persönlicher als auch aus beruflicher Sicht. Ich kenne die Chancen, aber auch die Hürden für Familien mit Flucht- oder Einwanderungsgeschichte aus verschiedenen Blickwinkeln. Welche Voraussetzungen müssen erfüllt sein, damit auch Kinder, deren Muttersprache nicht Deutsch ist, in der Schule mitkommen? Wo findet man den nächstgelegenen Integrationskurs und wer darf teilnehmen?

Gab es Herausforderungen auf dem Weg in den Bundestag und wie haben Sie diese gemeistert?

Um für ein politisches Mandat zu kandidieren, braucht es viele Schultern, die einen tragen. Man braucht starke Unterstützer*innen, die einem Rückenwind geben und auch Mut machen, zum Beispiel als im Bundestagswahlkampf der Hass und Rassismus auf meinem Social-Media-Account tobte. Es ist eine große Ehre und Verantwortung, das in mich gesetzte Vertrauen der Bürgerinnen und Bürger nun als direkt gewählte

Abgeordnete zu erfüllen. Auch das schafft man nicht alleine, sondern nur gemeinsam.

Müssen sich Strukturen verändern, damit mehr Menschen mit Migrationsbiografie sich politisch engagieren und in Parlamenten vertreten sind? Welche Rolle spielen hier die Parteien?

Da ist viel zu tun! Wir müssen mehr aufeinander zugehen, mehr begeistern, selbst Vorbild sein und klar sagen, dass wir politisches Engagement von jungen Menschen aus Familien mit Einwanderungsgeschichte brauchen. Das ist unser Land, unsere gemeinsame Zukunft, also macht mit! Viele sind super engagiert, ob bei „Fridays for Future", Black Lives Matter oder im Jugendclub – aber zu selten in politischen Parteien.

Was möchten Sie persönlich als Staatsministerin für Integration und Antirassismus-Beauftragte der Bundesregierung erreichen?

Ich setze mich dafür ein, dass Deutschland ein modernes Einwanderungsland wird, in dem endlich alle die gleichen Chancen haben und es keine Rolle spielt, woher jemand kommt, wie jemand heißt oder aussieht. Es muss normal sein, dass die Vielfalt unserer Gesellschaft in allen Bereichen angemessen vertreten ist: in der Politik, in den Vorstandsetagen, in den Medien, im Ehrenamt. Da müssen wir dringend besser werden, in vielen Bereichen, auch im öffentlichen Dienst. Dabei geht es auch um Respekt und eine wehrhafte Demokratie. Im Kampf gegen Rechtsextremismus und Rassismus werden wir klare Kante zeigen und den Radikalen den Nährboden entziehen.

Sie sind Hobby-Boxerin. Lernt man hier Dinge, die auch in der Politik von Nutzen sein können?

Momentan finde ich leider selten die Zeit zum Boxen. Aber ich versuche, so oft es geht in der Halle bei meinem Verein BC Traktor Schwerin vorbeizuschauen. Beim Boxen geht es um Kraft, Schnelligkeit, Ausdauer, aber auch um Respekt für seinen Gegenüber und gemeinsame Regeln.

Quelle: Das Interview mit Reem Alabali-Radovan ist Teil von „Eine Davon", einem Dossier über Frauen das im Rahmen des Helene Weber Kollegs (HWK) vom Bundesministerium für Familie, Senioren, Frauen und Jugend (BMFSFJ) gefördert wurde.

VERANTWORTUNG UND PFLICHT

Verantwortung kann eine Last sein. Denn sie ist immer mit einer Pflichtaufgabe verbunden. Eltern haben die Verantwortung für das Wohlergehen ihrer Kinder. Sie sind verpflichtet, alles in ihrer Kraft Mögliche zu tun, damit es den Kindern gut geht, dass sie in die Schule gehen und lernen, auf die Zukunft vorbereitet zu sein. Es besteht nämlich auch eine Schulpflicht.

Pflicht bedeutet, dass man etwas tun muss.

Aber möglicherweise hat man sich freiwillig entschlossen, Verantwortung zu übernehmen, die einen zum richtigen Handeln verpflichtet. Etwa wenn ein Kind sich von den Eltern als Geschenk einen Hund wünscht. Die Eltern warnen, dann müsse das Kind aber auch die Verantwortung für den Hund übernehmen. Das Tier muss mehrmals am Tag ausgeführt, es muss gefüttert und sein Fell regelmäßig gestriegelt werden.

Das Kind erklärt aus freiem Willen, es werde die Verantwortung übernehmen. Also hat es die Pflicht, all diese Aufgaben zu übernehmen.

Pflicht klingt zwar sehr streng, aber wenn man genau nachdenkt, dann ist die Pflicht in diesem Fall gar nichts Schlimmes, sondern freiwilliger Gehorsam. Verantwortung, also der Pflicht zu gehorchen, bedeutet in diesem Fall also nichts anderes, als sich daran zu halten, richtig zu handeln. Wenn man eine Pflicht vergisst, dann kann einen das schlechte Gewissen zur Ordnung rufen und an die Pflicht erinnern. Vielleicht schämt man sich sogar, so trottelig gewesen zu sein.

Wenn das Kind den Hund nicht füttert, nicht mit ihm rausgeht oder nicht pflegt, dann hat es Schuld daran, wenn es dem Tier nicht gut geht. Das Kind handelt verantwortungslos und kann von den Eltern zur Rechenschaft gezogen werden.

Denn die Verantwortung für den Hund zu übernehmen, beruht auf einer freien Willensentscheidung des Kindes.

Jeder Mensch hat aber auch grundsätzliche Verantwortung für den Zustand der Gemeinschaft, in der er lebt – und ganz besonders für die Umwelt.

Da wird die Pflicht nicht als freiwillige Entscheidung begründet, sondern als Wirkung der Moral, also nach den Regeln, die das friedliche Zusammenleben in unserer Gesellschaft bestimmen.

Moral funktioniert zum Beispiel so: Um die Natur nicht zu zerstören und die Umwelt zu schonen, sortieren wir den Müll. Papier und Flaschen und Plastik und Bio-Abfälle können in dafür aufgestellte Container geworfen werden.

Dazu wird niemand gezwungen. Aber wer es macht, der ist davon überzeugt, dass es richtig und gut ist, durch seine verantwortungsvolle Handlung die Natur zu schützen. Er gehorcht also der Einsicht, weil er weiß, jede andere Handlung – etwa Plastik in den Allgemeinmüll – ist schlecht, weil sie der Natur schadet.

Da man dieser Pflicht, aus Verantwortung für den Zustand der Natur richtig zu handeln, aus eigener Einsicht – also eigentlich doch freiwillig – folgt, kann man auch von einer Selbstverpflichtung sprechen. Selbst ganz kleine, alltägliche Handlungen werden von der Moral gelenkt und haben mit Einsicht, also mit Wissen um die Verantwortung zu tun. Das Wichtigste dabei ist: Man handelt nicht für sich, sondern für die Gemeinschaft, ja, für die Menschheit.

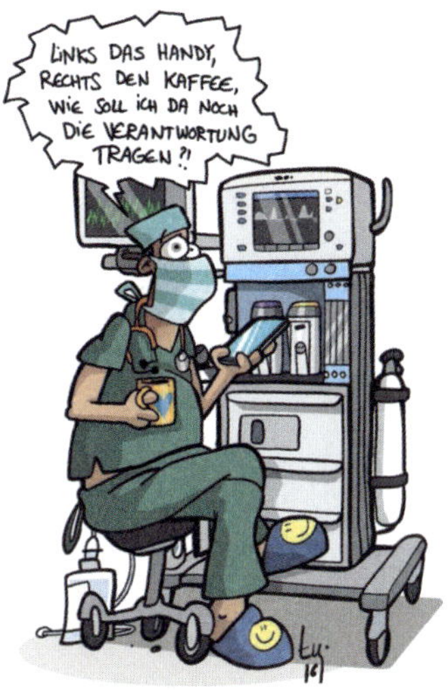

KURZ & KNAPP

VERANTWORTUNG

Verantwortung ist die Übernahme einer Verpflichtung mit allen Konsequenzen, welche das Handeln im Sinne der Verpflichtung, aber auch die Unterlassung der Handlung mit sich bringt. Das bedeutet, dass wir für die nicht erledigte Verpflichtung auch mit Folgen rechnen müssen.

Quelle: www.hanisauland.de

EIGENVERANTWORTUNG

Die Eigenverantwortung ist die Verpflichtung jedes Menschen, für die Folgen seiner eigenen Handlungen einzustehen.

SOZIALE VERANTWORTUNG

Die soziale Verantwortung teilt sich in zwei Aspekte: das Wohlergehen des anderen zu unterstützen und die eigenen Ziele zu verfolgen, ohne andere zu schädigen.

Quelle: www.hanisauland.de

WO HAST DU SCHON EINMAL VERANTWORTUNG ÜBERNOMMEN?

Den Müll mitnehmen

Die Natur kann sich nicht wehren, wenn wir ihr Schaden zufügen. Nach einem Picknick im Grünen müssen wir unseren Müll wieder mitnehmen.

Zur Tat bekennen

Beim Ballspielen mit anderen auf der Straße geht das Fenster der Nachbarn zu Bruch. Wer war's? Eine oder einer muss sich dazu bekennen.

Die Katze füttern

Um Wesen, die sich nicht selbst versorgen können, muss man sich kümmern.

WER WIDERSTAND LEISTET, ÜBERNIMMT VERANTWORTUNG

KURZ & KNAPP

WIDERSTAND LEISTEN

Viele Menschen, die in einer Diktatur leben oder auch in einem Land, das von einem anderen Staat überfallen wurde, lehnen sich gegen die Herrschaft auf. Sie leisten Widerstand, weil sie diese Herrschaft ablehnen. Manchmal schließen sie sich mit anderen Menschen zusammen, die genauso denken, und bilden eine Widerstandsgruppe. Es gibt gewaltlosen Widerstand und Widerstand, der mit Gewalt gegen Sachen und Personen verbunden ist.

Quelle: www.hanisauland.de

Claus Schenk Graf von Stauffenberg, 1907–1944

20. JULI 1944: ATTENTAT AUF ADOLF HITLER

An diesem Tag sollte Adolf Hitler sterben. Oberst Claus Schenk von Stauffenberg hatte mit anderen Offizieren der Wehrmacht das Attentat vorbereitet.

Gut geplant, aber fehlgeschlagen

Am 20. Juli fand in Hitlers Hauptquartier „Wolfsschanze" eine Besprechung statt, an der von Stauffenberg teilnahm. Es gelang dem Oberst, eine Bombe in den Raum zu schmuggeln, die er auch zündete. Allerdings überlebte Hitler das Attentat leicht verletzt, fünf Personen wurden getötet. Von Stauffenberg und seine Mitverschwörer wurden noch am selben Abend in Berlin erschossen. In den folgenden Monaten sind weitere 200 Offiziere und Politiker hingerichtet worden, die mit dem 20. Juli 1944 in Verbindung standen.

Ziel: Den Krieg endlich zu beenden

Von Stauffenberg und seine Mitverschwörer sahen in dem Attentat die einzige Möglichkeit, Deutschland vor dem sicheren Niedergang zu retten. Nur wenn Hitler tot wäre, so war die Überzeugung dieser Offiziere, gäbe es eine Chance, den Krieg zu beenden und das Leben vieler Tausend Menschen zu retten.

Quelle: www.hanisauland.de

Dem eigenen Gewissen folgen

Eine Autoritätsperson sagt dir, dass du etwas tun sollst, was jemand anderem schadet. Du entscheidest dich, diesem Befehl nicht zu folgen.

„Ein Held ist jemand, der die Verantwortung versteht, die ihm durch seine Freiheit zuteilwird."

Bob Dylan
83, US-Musiker

„Mehr Beteiligung und Übernahme von Verantwortung reduzieren den Verdruss."

Rita Süssmuth
87, Politikerin, CDU

„Verantwortung übernehmen bedeutet, zu wissen und danach zu handeln, dass es nicht nur um einen selbst geht."

Sherif Rizkallah
28, logo!-Moderator

„Die Ehrfurcht vor der Vergangenheit und die Verantwortung gegenüber der Zukunft geben fürs Leben die richtige Haltung."

Dietrich Bonhoeffer
1906–1945, Theologe und deutscher Widerstandskämpfer

„Die Freiheit ist kein Geschenk, von dem man billig leben kann, sondern Chance und Verantwortung."

Richard von Weizsäcker
1920–2015, Politiker, Bundespräsident 1984–1994, CDU

„ES IST NICHT DEINE SCHULD, DASS DIE WELT IST, WIE SIE IST – ES WÄR NUR DEINE SCHULD, WENN SIE SO BLEIBT."

Liedzeile von „Die Ärzte"

„Wer sich nicht einbringt, darf sich nicht beschweren“

Max Mordhorst
28, Abgeordneter im Bundestag, FDP

Was hat Sie veranlasst, sich politisch zu engagieren?

Der Zustand meiner Schule und ein liberales Lebensgefühl.

Was haben Sie zuerst gemacht?

Ich habe mich zuerst im Jugendverband engagiert, wo ich, ohne jemanden vorher zu kennen, zu einem Stammtisch gegangen bin.

Was kann die Gesellschaft tun, um den Sinn für Gemeinschaft zu fördern?

Sich ehrenamtlich einbringen. Jeder, der sich einbringt, ist ein Gewinn. Nur an der Seitenlinie stehen und meckern bringt niemanden weiter.

Wie hat sich Ihr Privatleben als Politiker verändert?

Stark. Viel einschneidender als die Termindichte ist der durchgehende Rechtfertigungsdruck. „Politiker“ ist kein normaler Beruf, den man am Ausgang des Bundestags abstreift. Man ist es durchgehend und mit Herzblut oder man ist es nicht.

Haben Sie schon einmal eine politische Entscheidung bereut?

Ja. Die Einführung der einrichtungsbezogenen Impfpflicht im Dezember 2022 war unter damaligen Gesichtspunkten das geringere Übel, unterm Strich hat sie aber eher mehr Spaltung als Zusammenhalt erzeugt. Diese Entscheidung würde ich heute nicht noch einmal so treffen.

Haben Sie Ideen, wie man Politik besser an jüngere Leute bringen kann?

Darüber denke ich häufig nach: Einerseits muss die Politik reformfähig und offen für neue Ideen bleiben. Andererseits darf es keine Kundenmentalität geben. Bürger sind Teil der Demokratie, die findet nicht nur irgendwo in Berlin statt. Wer sich nicht einbringt, darf sich später nicht beschweren.

TAPFERKEIT, MUT, ZIVILCOURAGE

Tapferkeit und *Mut* werden häufig in einem Atemzug genannt, dennoch sind sie nicht vollends gleich.

Tapferkeit ist eine sittliche Haltung, die der Mensch erst erlernt; **Mut** ist eine Eigenschaft, ein Charakterzug, die eine Person von sich aus hat, um etwas zu tun.

Fällt ein Kind mit dem Fahrrad hin oder ist beim Zahnarzt und es tut weh, dann nennt man es *tapfer,* wenn es den Schmerz erträgt. Ein Kind hat Angst vor einem Hund, dann kann es die Angst überwinden, wenn es weiß, dass der Hund nicht beißt, dass seine Besitzerin ihn an der Leine festhält. Dann kann sich das Kind dem Hund *tapfer* nähern und ihn streicheln. *Tapferkeit* muss errungen werden. Früher nannte man Ritter *tapfer*, wenn sie mit Schwert und Lanze in den Kampf zogen oder wie Siegfried einen Drachen töteten. Der Gegensatz von *tapfer* ist *feige*.

Dagegen ist *Mut* ein Charakterzug, den ein Mensch von sich aus hat. *Mutig* ist derjenige, der einem anderen hilft, wenn er in Bedrängnis ist. Vielleicht wird jemand auf der Straße oder in der U-Bahnstation gefährlich angegriffen. Dann sollte man helfen. Aber viele Leute gehen vorbei, weil sie Angst haben oder unsicher sind, wie sie sich verhalten sollen. Da ist es mutig, dem Angegriffenen zu helfen, indem man einschreitet oder andere auffordert mitzuhelfen oder aber – wenn es zu viele Gegner sind – wenigstens die Polizei ruft.

Mutig ist auch, wer einem Vorgesetzten oder einem Lehrer widerspricht, wenn er deren Handlungen ungerecht findet. Er nimmt allen *Mut* zusammen, die Ungerechtigkeit zu bekämpfen, selbst wenn er dafür einen Nachteil erleiden könnte.

Der Gegensatz von **mutig** ist **mutlos**.

Mut ist heute wohl die passendere Bezeichnung als *Tapferkeit* für diesen sittlichen Wert, den man auch Tugend nennt. Obwohl manch einer heute statt *Mut* lieber das Wort *Zivilcourage* verwendet.

Zivilcourage bedeutet in der bürgerlichen Gesellschaft **mutig** die sittlichen Werte – Gerechtigkeit, Solidarität, Toleranz – gegenüber anderen, aber auch gegenüber dem Staat zu verteidigen.

Auch *Mut* und *Zivilcourage* kann man einüben. Dazu ist es für junge Menschen wichtig zu erleben, dass derjenige langfristig höher geschätzt wird, der mutig ist, als derjenige, der sich duckt, schweigt und anpasst. Lernen heißt auch: dies zunächst durch Beispiele in der eigenen Umgebung und dann durch eigenes Handeln zu erfahren.
So zeigen diejenigen *Zivilcourage*, die beim Mobben eines Mitschülers oder einer Klassenkameradin nicht mitmachen, sondern die Betroffene unterstützen, die Mobber darauf ansprechen oder ein Gespräch mit der Klassenlehrerin anregen.

Und um richtig einschätzen zu können, was *mutig* handeln heißt, ist es wichtig zu wissen, dass *mutiges* Handeln auch bedeutet, alle Wege und Möglichkeiten auszuloten, die zu dem angestrebten sittlichen Ziel führen. Denn *Mut* und *Zivilcourage* bedeuten nicht, wild draufloszuschlagen.

Der ehemalige Bundespräsident Roman Herzog meinte: „Das meiste Unrecht beginnt im Kleinen – und da lässt es sich mit *Mut* und *Zivilcourage* noch bekämpfen."

(Rosa Parks bei ihrer Verhaftung 1955 und im Bus)

ROSA PARKS (1913–2005)

Am 4. Februar 1913 wurde eine sehr mutige Frau im Süden der USA, im Bundesstaat Alabama, geboren. Die Afroamerikanerin Rosa Parks veränderte das Leben der Schwarzen in den USA, denn sie war es, die die ganze Welt auf die Rassendiskriminierung aufmerksam gemacht hat.

Bis in die 1960er-Jahre hinein hatten die schwarzen Einwohner in den USA weniger Rechte als die weißen. So mussten schwarze Menschen in Bussen für weiße Menschen Platz machen; schwarze Menschen durften nicht auf die gleichen Schulen gehen wie weiße, sie konnten nicht die gleichen Berufe ausüben, nicht alle durften wählen.

Busfahrt mit Folgen

Rosa Parks arbeitete als Näherin in einer Fabrik in Montgomery und engagierte sich in ihrer Freizeit für Bürgerrechte. Am 1. Dezember 1955 wurde Rosa Parks berühmt. An diesem Tag nahm sie – wie üblich – den öffentlichen Bus, um nach Hause zu fahren. Müde von der Arbeit setzte sie sich auf einen Platz. Da wurde sie vom Busfahrer harsch aufgefordert, diesen für einen Weißen zu räumen. Per Gesetz war dieser Platz nämlich für weiße Fahrgäste reserviert. Doch Rosa Parks weigerte sich, ihren Platz zu verlassen. Sie blieb sitzen und wurde sogleich verhaftet.

Der Boykott

Das sprach sich in Windeseile in Montgomery herum. Die schwarzen Bürgerinnen und Bürger waren so erbost über diese Ungerechtigkeit, dass sie zu einem Boykott der Busse aufriefen. Unterstützt wurden sie dabei von anderen Bürgerrechtlern, auch dem berühmten Martin Luther King. Und der Busboykott war ein Riesenerfolg: 382 Tage lang (mehr als ein ganzes Jahr!) gingen die Schwarzen aus Montgomery zu Fuß zur Arbeit und organisierten Fahrgemeinschaften. Sie hielten so lange durch, bis der Oberste Gerichtshof der USA am 20. Dezember 1956 das Gesetz zur Rassendiskriminierung aufhob.

„Mutter der Bürgerrechtsbewegung“

Rosa Parks aber, deren Mut und Zivilcourage dazu geführt hatten, dass die schwarzen Bürger sich wehrten, wurde keinesfalls als Heldin gefeiert. Die „Mutter der Bürgerrechtsbewegung“ wurde beschimpft, bedroht und verlor sogar ihren Arbeitsplatz. Doch sie ließ sich nicht beirren. Ihre Weigerung, den Sitzplatz im Bus für einen Weißen freizumachen, war der Anfang eines langen, meist friedlichen und erfolgreichen Kampfes gegen Rassendiskriminierung.

Quelle: www.hanisauland.de

ZIVILCOURAGE

KURZ & KNAPP

Dein Freund wird getreten. Andere stehen dabei und lachen ihn aus. Du sagst: „Schluss damit! Hört auf." Du zeigst Mut, lässt deinen Freund nicht alleine, auch wenn andere dich dafür schief ansehen. Das ist Zivilcourage: Mut, für Schwächere einzutreten; Mut, Menschlichkeit zu zeigen. Quelle: www.hanisauland.de

„Wenn die ganze Welt schweigt, kann auch eine Stimme mächtig sein."

Malala Yousafzai

26, Aktivistin für die Rechte von Mädchen und Frauen in Pakistan. Malala wurde wegen ihres feministischen Engagements von Taliban 2012 niedergeschossen und schwer verletzt. Sie gilt seither weltweit als Symbolfigur für Freiheit und Bildung für Mädchen und Frauen. Sie ist die jüngste Friedensnobelpreisträgerin.

„Zivilcourage ist für mich die einzige akzeptable Form des Heldentums."

Harald Schmid

60, Politikwissenschaftler

KANN MAN ZIVILCOURAGE LERNEN?

Dafür setzt sich der Verein Zivilcourage für ALLE e. V. ein:

„Wir wollen Menschen in unserer Gesellschaft an ihre demokratischen Grundwerte erinnern und sie in unseren Trainings bestärken, diese auch zu leben."

VERHALTENSTIPPS IN GEWALTSITUATIONEN

Wie kann ich dem **OPFER** helfen?

- Selbst den ersten Schritt machen (Bystander-Effekt = Zuschauereffekt: Je mehr Zuschauende hinzukommen, desto weniger Menschen leisten Hilfe.)
- Ruhig bleiben
- Polizei 110 verständigen, nicht Held*in spielen
- Öffentlichkeit herstellen
- Verbündete suchen, gezieltes Ansprechen: „Sie, mit dem roten Pulli, kommen Sie mit, da braucht jemand unsere Hilfe!"
- Laut und deutlich sprechen (stärkt das Selbstbewusstsein)
- Überraschendes tun: Trillerpfeife, lautes Rufen, Personenalarm
- In öffentlichen Verkehrsmitteln: Fahrer*in Bescheid geben/ Notrufsystem betätigen
- Blickkontakt, Hand reichen
- Direkt ansprechen: „Ich helfe Ihnen!"
- Wenn notwendig, Erste Hilfe leisten

Wie verhalte ich mich gegenüber dem **ANGREIFENDEN**?

- Distanz wahren; Siezen
- Nicht anfassen
- Nicht beleidigen
- Nicht provozieren lassen
- Geforderte Gegenstände (Geldbeutel, Handy, etc.) ggf. herausgeben
- Fluchtweg freihalten/ nicht Polizei spielen!
- Merkmale der Angreifenden (Täterinnen und Täter) einprägen, Zeugenaussage

Quelle: www.zivilcourage-fuer-alle.de

DANKE, DASS IHR NICHT WEGGESCHAUT HABT

Ein Abend im September. Ich setze mich schluchzend zwischen zwei abgestellte Fahrräder. Ich will nicht gesehen werden, es geht mir nicht gut. Ich bekomme kaum Luft, und einen klaren Gedanken fassen scheint unmöglich. „Was habe ich nur angerichtet, warum bin ich so?“, sind die einzigen Worte, die in meinem Kopf kreisen.

Panik ergreift mich. Außerirdische könnten neben mir landen, ich würde es wahrscheinlich nicht bemerken, so sehr presse ich mein tränenüberströmtes Gesicht in meine Knie. Die plötzliche Berührung eines Menschen sorgt dafür, dass ich meinen Kopf hebe. Es ist ein Mann, der versucht, mich zu beruhigen.

Neben ihm steht seine Freundin, sie hat eine sanfte, liebevolle Stimme. Auch sie versucht, mich zu beruhigen.

Ich denke seither oft an dieses junge Paar. Danke, dass ihr nicht weggeschaut habt. Dass ihr den Mut und die Empathie hattet, für einen Menschen in Not da zu sein. Euch die Zeit zu nehmen. Zu handeln und nicht einfach weiterzugehen.

Denn darum geht es: Wir haben eine Stimme. Und die können wir nutzen, um anderen zu helfen. Macht den Mund auf, sagt, wenn etwas nicht richtig ist! Ruft die Polizei! Hört auf euer Bauchgefühl! Holt Hilfe, wenn nötig!

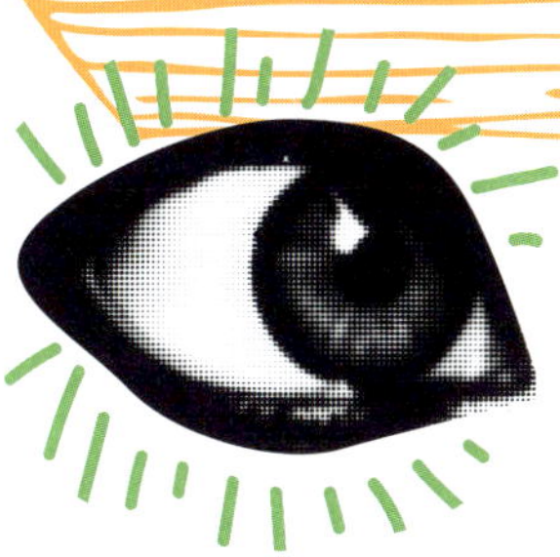

Text: Pauline Houben, 18, Max Brauer Schule

GEMEINSAM SIND WIR STARK

Dieser Satz leuchtet jedem ein: Gemeinsam sind wir stark. Eine schwere Kiste zu tragen, fällt einem Einzelnen schwer, für ein Team, also mindestens für zwei, ist es leichter. Und je größer das Team ist, umso einfacher ist es, die Aufgabe auszuführen.

Manchmal gibt eine Lehrerin einer Gruppe von Schülern und Schülerinnen auf, ein Referat im Team auszuarbeiten. Alle Mitglieder des Teams „Referat" werden sich dann als eine Gemeinschaft „Gleichgesinnter" verstehen. Die gemeinsame Aufgabe verbindet sie.

Während der Diskussion, wie sie das Thema des Referats am besten ausführen könnten, werden sie lernen, sich in der Gruppe richtig zu verständigen. Und fällt einer einmal aus, vielleicht weil er krank ist, dann werden alle anderen für diesen einen mitarbeiten, nach dem Leitspruch der drei Musketiere:

Einer für alle, alle für einen.

Das war das Motto von vier Freunden aus der Garde des französischen Königs Ludwig XIII., deren Abenteuer in den Romanen von Alexandre Dumas geschildert werden. „Einer für alle, alle für einen." bedeutet, dass das Team wichtiger ist als der Enzelne. Sollte einer sich aber wichtiger als die anderen nehmen, dann wird er das Team schwächen.

Auch eine Fußballmannschaft ist ein Team, bestehend aus elf Spielern auf dem Platz, noch mehr Spielern auf der Bank und dem Trainer. Jetzt könnte man doch denken, dass eine Mannschaft unschlagbar sein müsste, in der die besten Fußballer der Welt kicken.

So gehörten zum französischen Fußballverein Paris Saint-Germain der beste Spieler der Welt, Lionel Messi, der zweitbeste Spieler der Welt, Kylian Mbappé, der teuerste Spieler der Welt, der Brasilianer Neymar, und noch eine Reihe anderer Spitzenspieler.

Nun sagt man ja auch, die Gruppe – also hier die Mannschaft – ist mehr als die Summe ihrer Einzelspieler. Je besser die Mannschaft zusammenspielt, desto weiter kann sie kommen. Doch die Mannschaft von Paris Saint-Germain hat es noch nie geschafft, die Champions League, also das wichtigste Fußballturnier in Europa, zu gewinnen. Und warum? Weil die besten Spieler der Welt sich im Team nicht verstehen. Aus Eitelkeit oder aus Neid und Eifersucht gönnt keiner dem anderen einen guten Spielzug. Jeder denkt nur an sich, nicht an den Erfolg des Teams. Gemeinsam wären sie stark, als ein Team von Einzelgängern sind sie schwach.

Wenn man den Satz „Gemeinsam sind wir stark" ernst nimmt, kann man sogar die Welt verändern.

Der Klimawandel bedroht die Welt, aber die Regierungen der Welt tun zu wenig dagegen. Wer möchte, dass sich etwas ändert, der kann protestieren. Es gibt verschiedene Arten von Protest. Man kann eine Kundgebung, Demonstration oder einen Sitzstreik veranstalen.

In einer Demokratie darf jeder demonstrieren. Das steht im Grundgesetz.

Allerdings muss man sich an Regeln halten. Eine Demonstration muss bei der Polizei angemeldet werden.

Frauen haben vor gar nicht allzu langer Zeit für ihre Rechte und für Gleichberechtigung erbittert kämpfen müssen. In Großbritannien störten sie vor mehr als hundert Jahren öffentliche Veranstaltungen, warfen Scheiben ein, zündeten Briefkästen an. Sie kämpften für das Recht, wählen zu dürfen. Sie riskierten Haftstrafen, traten im Gefängnis in Hungerstreiks und mussten schmerzhafte Zwangsernährung über sich ergehen lassen. Im November 1918 wurde ihnen das Wahlrecht zugesagt. Sie haben es geschafft, denn gemeinsam traten sie stark auf.

Schließlich wurde der 8. März von den Vereinten Nationen 1975 zum Tag der Rechte der Frau ernannt.

„Gemeinsam sind wir stark" gilt auch dann, wenn Menschen ihre Rechte gegenüber dem Staat oder anderen Institutionen durchsetzen wollen.

KURZ & KNAPP

DEMONSTRATION

Menschen sind mit Plakaten und Lautsprechern auf der Straße. Sie stellen Forderungen an die Politik. Dies nennt man eine „Demonstration“. Die Menschen sagen offen ihre Meinung und setzen sich für ihre Ziele ein. Im Grundgesetz steht, dass alle Menschen das Recht haben zu demonstrieren.

Quelle: www.hanisauland.de

FRAUENBEWEGUNG

Am Ende des 18. Jahrhunderts entstand in vielen Ländern die Frauenbewegung. Frauen kämpften um die Gleichberechtigung in Gesellschaft, Politik und Wirtschaft. In Deutschland entstanden Frauenvereine und Frauenorganisationen, die die Rechte der Frauen verbessern wollten. Sie forderten das Wahlrecht für Frauen, die gleiche Schulbildung wie die Männer und das Recht, einen Beruf frei zu wählen. Das Wahlrecht für Frauen wurde in Deutschland erst 1918 eingeführt

Quelle: www.hanisauland.de; www.bpb.de

STREIK

Arbeitnehmer und Arbeitgeber verhandeln über die Höhe von Löhnen und Gehältern und über Arbeitszeiten. Wenn sie sich nicht einigen können, kann es zu einem Arbeitskampf kommen. Dann können Arbeitnehmer für eine bestimmte Zeit ihre Arbeit niederlegen. Das ist ein Streik. (Das Wort kommt vom englischen Wort „to strike“, das bedeutet „stoßen“ oder „schlagen“.) Auf diese Weise wollen die Arbeiter und Angestellten ihre Forderungen durchsetzen.

Quelle: www.hanisauland.de

Der Weltfrauentag entstand in der Zeit vor dem Ersten Weltkrieg im Kampf um die Gleichberechtigung, das Wahlrecht für Frauen sowie die Emanzipation von Arbeiterinnen. Erstmals fand der Internationale Frauentag durch die Initiative der Frauenrechtlerin Clara Zetkin am 19. März 1911 statt.

Clara Zetkin, 1857–1933, war eine sozialistisch-kommunistische deutsche Politikerin, Friedensaktivistin und Frauenrechtlerin

BERÜHMTE STREIKS UND AUFSTÄNDE IN DER GESCHICHTE

Globaler Klimastreik
Schülerinnen und Schüler riefen 2018 die ersten Klimastreik-Aktionen ins Leben und gründeten „Fridays for Future“. Beim ersten globalen Klimastreik im März 2019 demonstrierten weltweit geschätzt 2,3 Millionen Menschen.

März 2019

An diesem Tag riefen Arbeiter in Chicago zum Generalstreik auf. Sie wollten damit den Acht-Stunden-Tag durchsetzen. Der Protest endete in einer blutigen Auseinandersetzung mit der Polizei. 1919 war der Maifeiertag erstmals ein nationaler Feiertag in Deutschland.

1. Mai 1886

Es war ein wichtiger Tag für die Friedliche Revolution in der DDR: Am 4. September 1989 machten Bürgerinnen und Bürger in Leipzig ihrem Unmut über die Politik in dem Ein-Parteien-Staat Luft. Damit begannen die Montagsdemonstrationen – der gemeinsame Protest unterschiedlicher DDR-Oppositionsgruppen.

4. September 1989

Die Menschen in der DDR erhoben sich gegen staatliche Willkür und Unterdrückung. Was zunächst als Aufstand der Arbeiter*innen und mit Unruhen auf dem Land begann, entwickelte sich zu landesweiten, spontanen Massenprotesten gegen die DDR-Regierung. Die Sozialistische Einheitspartei (SED) schlug die Demonstrationen mithilfe des sowjetischen Militärs gewaltvoll nieder.

17. Juni 1953

Der erste bekannte Streik der Weltgeschichte fand im Jahr 1159 vor Christus in Ägypten statt. Damals streikten rund 40 Arbeiter aus dem ägyptischen Dorf Deir el-Medina, die im Tal der Könige die Königsgräber bauten. Der Grund: Ihre Bezahlung, in Form von Lebensmitteln, war ausgeblieben. Wie auf einem Papyrus überliefert ist, zogen sie durch ihre Siedlung und riefen: „Wir haben Hunger!“

1159 v. Chr.

VOM ICH ZUM WIR: WO WIR ANDERE BRAUCHEN, UM ERFOLGREICH ZU SEIN

Beim Fußball

Im Chor

Auf der Baustelle

„Einer für alle, alle für einen."

Das ist der Leitspruch aus:

Die drei Musketiere

(1844), so hieß ein Roman von Alexandre Dumas, in dem vier Freunde für den französischen König Ludwig XIII. kämpften.

Arthur Schopenhauer
1788–1860, deutscher Philosoph

„Der Mensch für sich allein vermag gar wenig und ist ein verlassener Robinson, nur in der Gemeinschaft mit den anderen ist und vermag er viel."

„Wir stehen füreinander ein“

Emily Vontz
23, deutsche Politikerin,
ist seit 1. Januar 2023 Mitglied im Deutschen Bundestag und die jüngste Abgeordnete, SPD.

Was hat Sie veranlasst, sich politisch zu engagieren?

Meine Eltern haben mich schon früh zu Wahlen mitgenommen. Dabei habe ich gemerkt, wie besonders es ist, mitbestimmen zu können. In der Schule habe ich dann viel über Politik gelernt und mir wurde klar, dass die Freiheiten und Rechte, die wir in Europa haben, nicht selbstverständlich sind. Dafür wollte ich mich einsetzen.

Was bedeutet für Sie der Begriff Solidarität?

Solidarität bedeutet für mich Zusammenhalt und Hilfsbereitschaft. In der SPD kämpfen wir gemeinsam für die Rechte von Frauen, auch wenn nicht alle Mitglieder Frauen sind. Wir kämpfen zusammen gegen Rassismus, obwohl viele noch nie welchen erfahren haben. Wir stehen also füreinander ein und helfen uns, weil wir es für richtig halten, egal ob wir direkt betroffen sind oder nicht. Wir alle sind dann solidarisch, wenn wir uns für andere Menschen einsetzen oder ihnen helfen.

Haben Sie das Gefühl, dass Sie Ihre Wählerschaft gut vertreten?

Das ist das große Ziel! Ich glaube nicht, dass man alle Wähler*innen immer glücklich machen kann. Mir ist es deshalb wichtig, mit vielen Menschen aus meinem Wahlkreis zu sprechen und ihnen zuzuhören. So kann ich entweder erklären, warum ich eine andere Meinung habe, oder ich lerne dazu und nehme eine neue Sichtweise mit nach Berlin.

Haben Sie Ideen, wie man Politik besser an jüngere Leute bringen kann?

Es gibt viele Möglichkeiten, um jungen Leuten Politik näherzubringen. Wenn man als Politiker*in junge Menschen über Social Media erreichen will, muss man Inhalte posten, die zur Zielgruppe passen. Das bedeutet: kurze Videos, alltägliche Sprache und auf den Punkt kommen. Der direkte Kontakt ist aber sehr wichtig. Deshalb treffe ich mich regelmäßig mit Schulklassen, Vereinen oder Jugendclubs. Und auch da gilt: offen und authentisch sein, zuhören und keine Monologe halten.

DEMOKRATIE

Es gibt einfache Regeln, die jedes Schuldkind kennt, wenn es mit dem Rad fährt. Rechts vor links. Wer von rechts kommt, hat Vorfahrt. Das bestimmt die Verkehrsordnung. Aber wer hat diese Verkehrsordnung erfunden? Das ist nicht ganz so einfach zu erklären. In einer *Demokratie* kann ja nicht irgendwer aus Lust und Laune bestimmen, wie man sich auf der Straße verhalten soll.

Demokratie ist ein Wort, das ebenso wie der Begriff Politik aus dem alten Griechenland stammt, und es bedeutet die Herrschaft des Volkes. In einer *Demokratie* herrscht das Volk durch das Volk für das Volk. Das bedeutet, dass jede Entscheidung einer Volksregierung nur im Namen des Volkes getroffen und nur zum Wohle des Volkes ausgeübt werden darf.

Aber wer herrscht? Oder wie wird geherrscht?

Da das Volk aus sehr vielen Menschen besteht und nicht alle gleichzeitig bestimmen können, müssen die Angehörige des Volkes selbst organisieren, wie geherrscht werden soll. Das können sie leicht, denn schließlich sind sie freie Menschen, die ihr Leben selbst ordnen dürfen. So wäre es einfach, man wählte etwa ein paar Verkehrsfachleute, die sich dann Entscheidungen wie zum Beispiel „rechts vor links" ausdenken. Das machen sie als Vertreter des Volkes. Sie bestimmen im Namen des Volkes, das sie gewählt hat, eine Verkehrsordnung, und sie tun dies zum Wohle des Volkes, damit es im Verkehr ordentlich zugeht und keine Unfälle passieren. Diese Verkehrsfachleute wären dann Teil einer Regierung.

Aber wie kommt eine Regierung ins Amt? In einer Demokratie wird sie vom Volk gewählt.

Aber das geht nicht so einfach wie bei der Wahl zur Klassensprecherin. In einer Klasse geben vielleicht fünfundzwanzig Schüler und Schülerinnen ihre Stimme ab. Da kann man schnell auszählen, wer gewählt ist. Aber in ganz Deutschland leben etwa sechzig Millionen Menschen, die alt genug sind, um wählen zu dürfen. Damit die Wahlen auch gerecht ablaufen, gibt es ein Wahlgesetz. Nach diesem Gesetz darf jeder Staatsbürger und jede Staatsbürgerin über 18 Jahren bei Bundestagswahlen, auf Landes- und Kommunalebene teilweise auch ab 16 wählen. Und diese Wahl muss geheim stattfinden, damit die Wähler frei entscheiden können, wem sie ihre Stimme geben wollen.

Und das geht dann so: Die Staatsbürger wählen erst einmal Personen, die man Abgeordnete nennt. Diesen Abgeordneten wird durch ihre Wahl Macht für eine bestimmte Zeitdauer verliehen, damit sie im Namen ihrer Wählerinnen und Wähler Entscheidungen treffen und etwa eine Regierung ins Amt berufen können. Bei den Wahlen stellen sich verschiedene Parteien auf. Welche die Mehrheit der Stimmen erhält und damit die meisten Abgeordneten im Bundestag stellt, das ist die Volksvertretung, kann sich an der Regierungsbildung beteiligen.

Doch zur Selbstorganisation der Herrschaft durch das Volk gehört es auch festzulegen, nach welchen Regeln im Staat regiert werden soll. Das bestimmt in Deutschland das Grundgesetz, das man auch Verfassung nennt. Darin sind die wichtigsten Regeln festgelegt. Der erste Satz heißt:

„Die Würde des Menschen ist unantastbar."

Dort steht auch, dass die Bundesrepublik eine *Demokratie* ist und die Menschenrechte die Grundlage der Gemeinschaft sind.

An dieses Grundgesetz müssen sich alle halten: die **Regierung**, die das tägliche Leben bestimmt, der **Bundestag**, in dem die Gesetze beschlossen werden, und die **Gerichte**, die Urteile sprechen. **Regierung, Bundestag** und **Gerichte** nennt man die drei Staatsgewalten. Das Grundgesetz bestimmt, dass es eine Dreiteilung der Gewalten gibt. Keine der Gewalten soll für sich allein zu stark sein. Deshalb sollen sich die drei Gewalten gegenseitig kontrollieren, damit keiner gegen die Grundrechte verstößt.

Der Gedanke der *Demokratie* sollte in jeder Gesellschaft weit über die politische Organisation der Herrschaft hinausgehen. *Demokratie* ist eine Lebensform, eine gesellschaftliche Praxis, die auch in Schulen, in Unternehmen, im täglichen Zusammenleben, ja bis hin zu jeder kleinen Familie das Verhalten der Menschen untereinander gerecht gestalten möge.

KURZ & KNAPP

DEMOKRATIE

Der Begriff „Demokratie“ kommt aus dem Griechischen und bedeutet „Herrschaft des Volkes“. In Deutschland gibt es diese Herrschaftsform seit 1949, zuvor gab es sie bereits einmal von 1919 bis 1933. In einer Demokratie haben alle Bürger und Bürgerinnen die gleichen Rechte und Pflichten. Über sie herrscht kein Kaiser, auch kein König und kein General. Quelle: www.hanisauland.de

Die Abgeordneten des Deutschen Bundestages werden in allgemeiner, unmittelbarer, freier, gleicher und geheimer Wahl gewählt. Sie sind Vertreter des ganzen Volkes, an Aufträge und Weisungen nicht gebunden und nur ihrem Gewissen unterworfen.

(Grundgesetz, Artikel 38)

VERSCHIEDENE ARTEN DER DEMOKRATIE

BASIS-DEMOKRATIE

In der Klasse werden Zettel verteilt. Darauf stehen mehrere Ziele für den nächsten Klassenausflug. Jeder soll mit Kreuzchen abstimmen, wohin er oder sie reisen möchte: Das ist basisdemokratisch. Alle zusammen bilden die Basis, und die Mehrheit entscheidet in einer Wahl über das Ausflugsziel. Solche Formen der direkten Demokratie (oder auch „Basisdemokratie“) findet man auch in Vereinen, Verbänden oder Bürgerinitiativen.

Quelle: www.hanisauland.de

REPRÄSENTATIVE DEMOKRATIE

In Deutschland haben wir eine „repräsentative Demokratie“, wir wählen Personen und Parteien, deren Vorstellungen den unseren ungefähr entsprechen. Wir schicken unsere Repräsentant*innen in die Volksvertretungen, zum Beispiel in den Bundestag, damit sie dort in unserem Sinne handeln. Quelle: www.hanisauland.de

PRÄSIDIALDEMOKRATIE

Hier sind die Funktionen des Staatsoberhauptes und des Regierungschefs in einer Person vereinigt. Dies ist zum Beispiel in den USA oder in Frankreich der Fall. Der Präsident und das Parlament werden direkt vom Volk gewählt. Quelle: www.hanisauland.de

WENN EINER, ALLE ODER NIEMAND DAS SAGEN HAT

Leben alle Menschen der Welt in Demokratien? Schön wär's. Tatsächlich herrschen in vielen Ländern Diktatoren und autokratische Machthaber. Welche Staatsformen gibt es noch?

KURZ & KNAPP

DIKTATUR

Das Wort „Diktatur" kommt aus dem Lateinischen und bezeichnet das Gegenteil von Demokratie: Nicht die Mehrheit des Volkes bestimmt, sondern einige wenige, zum Beispiel eine einzige Partei oder sogar nur eine einzelne Person: der Diktator. Der Diktator wird meistens nicht gewählt , sondern er bringt sich selber mit Gewalt an die Macht – häufig mit der Hilfe des Militärs. Quelle: www.hanisauland.de

MONARCHIE

Das Wort „Monarchie" kommt aus dem Griechischen und bedeutet „Alleinherrschaft". Im Gegensatz zur Republik übt in einer Monarchie eine einzelne Person, der Monarch oder die Monarchin, die Herrschaft aus. Das kann ein König, eine Königin, ein Kaiser oder eine Kaiserin sein. Das Recht zu regieren wird oft innerhalb der Familie weitervererbt (dies heißt dann „Erbmonarchie")

Quelle: www.hanisauland.de

ANARCHIE

Das griechische Wort „anarchos" bedeutet übersetzt so viel wie „Herrschaftslosigkeit". In einer Anarchie hat niemand das Sagen. Hier gibt es keine staatliche Gewalt und keine gewählten Volksvertreter in einem Parlament. Manche Menschen glauben, dass eine solche Gesellschaft erstrebenswert ist, andere befürchten, dass in einer solchen Gesellschaft nur der Stärkste gewinnt und das Chaos herrscht.

Quelle: www.hanisauland.de

AUTOKRATIE

„Autokratie" [griech.: Selbstherrschaft] bezeichnet Regierungsformen, bei denen alle Staatsgewalt in den Händen eines Herrschers liegt und von diesem selbstherrlich ausgeübt wird.

Quelle: www.hanisauland.de

GEWALTENTEILUNG

Damit in einer Demokratie niemand zu viel Macht hat, gibt es die „Gewaltenteilung". Dadurch wird die „Gewalt", also die Macht in einem Land, auf drei Bereiche aufgeteilt:

Exekutive oder ausführende Gewalt:
Dazu gehören zum Beispiel Polizei, Stadtverwaltung und Regierung (z. B. Bundeskanzler*in und Minister*innen). Sie passen auf, dass sich Menschen, Unternehmen und Organisationen an die Gesetze halten.

Legislative oder gesetzgebende Gewalt:
Das Parlament heißt in Deutschland Bundestag. Die Politiker*innen im Bundestag, die Abgeordneten, beraten über Gesetzesvorschläge und beschließen Gesetze.

Judikative oder rechtsprechende Gewalt:
Wenn sich eine Person nicht an die Gesetze hält, muss sie vor Gericht. Dort entscheiden Richter*innen über die Strafe. Auch das Gericht muss sich an die Gesetze halten. Das Bundesverfassungsgericht ist das wichtigste Gericht, es kann zum Beispiel neue Gesetze ablehnen, wenn sie gegen das Grundgesetz verstoßen. Quelle: www.hanisauland.de

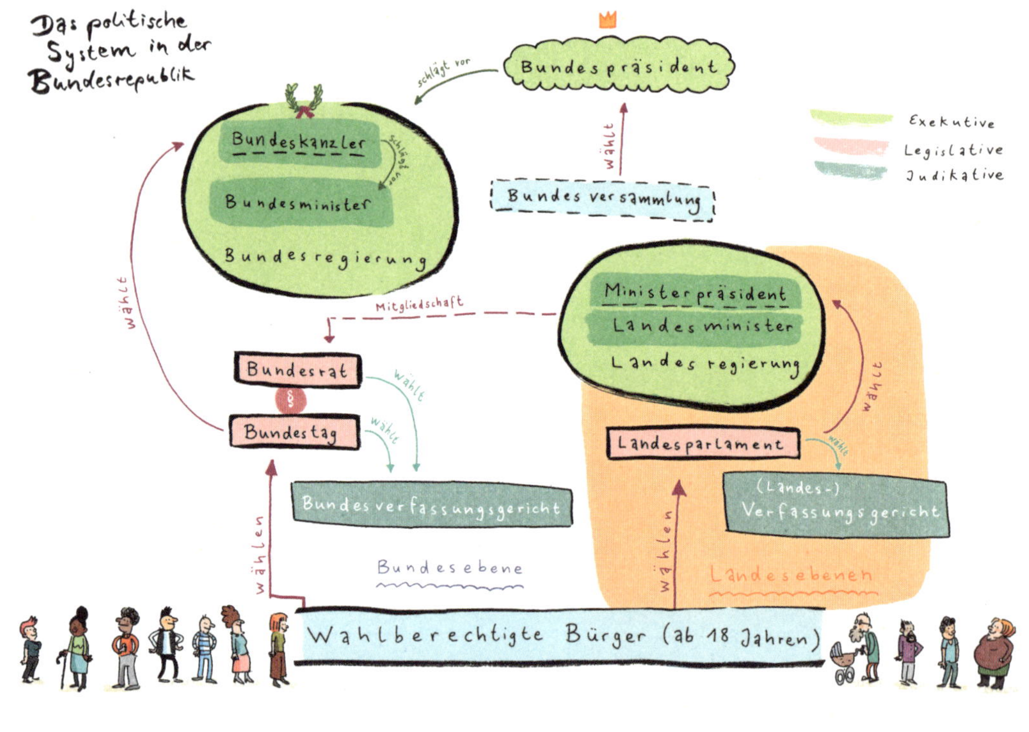

„Alles, was man als Politikerin können muss, kann man lernen"

Aminata Touré,
31, ist Ministerin für Soziales, Jugend, Familie, Senioren, Integration und Gleichstellung in Schleswig-Holstein, Bündnis 90/Die Grünen.

Warum sind Sie Politikerin geworden?

Mir ist aufgefallen, dass Politikerinnen und Politiker nicht aussehen wie ich oder meine Freunde und Freundinnen. Ich wollte, dass viele unterschiedliche Menschen mitbestimmen und entscheiden können, damit es Menschen gut geht.

Wie wird man Politikerin? Was muss man dafür können?

Das ist ähnlich wie das Wählen eines Kapitäns oder einer Kapitänin bei einem Fußballteam. Meistens sucht man sich eine Partei, also quasi das Team, die eine ähnliche Meinung hat wie man selbst, und tritt ihr bei. Alles, was man als Politikerin können muss, kann man lernen. Man muss viel lesen und Reden schreiben, andere Menschen überzeugen können und ganz viel mit unterschiedlichen Menschen sprechen. Und damit klarkommen, dass viele Menschen die eigenen Ideen schlecht finden und das auch sagen.

Womit beschäftigen Sie sich gerade?

Momentan versuche ich durchzusetzen, dass alle Menschen die gleichen Möglichkeiten in Deutschland haben, egal wie sie aussehen oder welche Religion sie haben. Viele Menschen denken zum Beispiel, dass schwarze oder muslimische Menschen viele Sachen nicht können wegen ihrer Hautfarbe oder ihrer Religion. Das ist Rassismus. Wegen Rassismus bekommen viele Menschen häufig nicht die gleichen Jobs wie andere. Dabei kann jeder Mensch alles.

Was würden Sie gern sofort verbessern, wenn Sie könnten?

Dass alle Menschen mit dem gleichen Respekt behandelt werden.

„EY, LEUTE, IHR SEID NICHT EGAL!"

Wir leben in einer Demokratie, klingt gut. Aber wie spüren wir das im Alltag, etwa in der Schule? Hast du das Gefühl, mitentscheiden zu können?

„Schülerinnen und Schüler sollen zu mündigen Bürgerinnen und Bürgern erzogen werden, die verantwortungsvoll, selbstkritisch und konstruktiv ihr berufliches und privates Leben gestalten und am politischen und gesellschaftlichen Leben teilnehmen können." (Kultusministerkonferenz 2004)

„AULA" – SO GEHT TEILHABE

Das von der Bundeszentrale für politische Bildung geförderte Projekt „aula" ermöglicht Jugendlichen aktive Teilhabe im Alltag und in der Schule. Mithilfe einer Online-Plattform und didaktischer Begleitung sollen demokratisches Wissen und Fähigkeiten gefördert werden. Wer gute und umsetzbare Vorschläge ausarbeitet und Mehrheiten organisiert, kann so Dinge verändern. Es wurde beispielsweise schon ein Smartphone-Tag an einer Schule beschlossen, an dem alle Lehrkräfte ihren Unterricht mithilfe des Smartphones machen müssen.

Quelle: www.aula.de

#dubistdemokratie

Unter diesem Hashtag sammelt „aula" Geschichten von jungen Menschen rund ums Thema Demokratie.

„Es muss auch mal so richtig auf den Putz gehauen werden. Lehrer müssen ihren Schülern sagen: ‚Ey, Leute, ihr seid nicht egal. Ihr könnt mitbestimmen, ihr seid ein wichtiger Teil dieser Schule.'" Henri, 11, zitiert auf aula.de

Verfassungsviertelstunde

In Bayern soll es in Zukunft eine wöchentliche Verfassungsviertelstunde an den Schulen geben. Das Ziel: mehr politische Bildung und den Schüler*innen Demokratie näherbringen.

KINDERRECHTE

Von klein auf haben Kinder Rechte und sollen Selbstbestimmung, Mitgestaltung und Verantwortung lernen. 1989 haben die Vereinten Nationen, zu der fast alle Staaten dieser Welt gehören, die Kinderrechte in einer Konvention (Übereinkunft) verabschiedet. Kinder haben ein Recht auf:

Gleichheit Alle Kinder müssen gleich behandelt werden, unabhängig von Geschlecht, Herkunft oder Religion. Kein Kind darf benachteiligt werden. (Artikel 2)

Gesundheit Kinder haben das Recht gesund zu leben, Geborgenheit zu finden und keine Not zu leiden. (Artikel 24)

Bildung Kinder haben das Recht zu lernen und eine Ausbildung zu machen, die ihren Bedürfnissen und Fähigkeiten entspricht. (Artikel 28)

Spiel und Freizeit Kinder haben das Recht zu spielen, sich zu erholen und künstlerisch tätig zu sein. Kinderarbeit ist verboten, nur im Familienbetrieb dürfen Kinder ab 13 bis zu drei Stunden arbeiten. Ab diesem Alter dürfen sie auch Zeitungen austragen. (Artikel 31 und 32)

Freie Meinungsäußerung und Beteiligung
Kinder haben das Recht bei allen Fragen, die sie betreffen, mitzubestimmen und zu sagen, was sie denken. (Artikel 12 und 13)

Schutz vor Gewalt Niemand darf Kinder beschimpfen oder schlagen. Im Krieg dürfen Kinder nicht zum Kämpfen gezwungen werden. (Artikel 19, 34 und 38)

Zugang zu Medien Kinder haben das Recht sich alle Informationen zu beschaffen, die sie brauchen, und ihre eigene Meinung zu verbreiten. (Artikel 17)

Schutz der Privatsphäre und Würde Auch Kinder dürfen Geheimnisse haben. Niemand darf deine Mails oder dein Zimmer durchstöbern. (Artikel 16)

Schutz im Krieg und auf der Flucht Andere Länder müssen vor Krieg geflüchtete Kinder (und ihre Eltern) bei sich aufnehmen und wie alle anderen Kinder behandeln. (Artikel 22 und 38)

Besondere Fürsorge und Förderung bei Behinderung Manche Kinder sind körperlich oder geistig beeinträchtigt. Sie müssen besonders geschützt und gefördert werden, damit sie aktiv am Leben teilnehmen können. (Artikel 23)

„Ich will die Gesellschaft gerechter machen“

Olaf Scholz
65, ist seit 2021 der neunte Bundeskanzler der Bundesrepublik Deutschland, SPD.

Was hat Sie veranlasst, sich politisch zu engagieren?

Ich wollte was ändern: unser Leben und Zusammenleben gerechter machen. Deshalb habe ich mich in der Schule als Schulsprecher engagiert. Deshalb bin ich zu den Jusos gegangen, der Jugendorganisation der SPD, und habe da erste Schritte in die Politik gemacht. Deshalb habe ich Jura studiert und bin Anwalt für Arbeitnehmerrechte geworden und deshalb bin ich dann später ganz in die Politik gegangen: als Abgeordneter, Bürgermeister, Minister und nun Bundeskanzler. Damals wie heute gilt: Man muss sich was vornehmen. Als Bundeskanzler will ich unser Land modernisieren, ich will erreichen, dass wir bis 2045 klimaneutral wirtschaften, und ich will die Gesellschaft gerechter machen. Denn wenn wir zusammenstehen, sind wir stärker als jede und jeder für sich allein.

Was war für Sie die überraschendste Erfahrung als Bundeskanzler?

Auf den Reisen in andere Länder genauso wie hier in Deutschland gibt es immer wieder überraschende und einzigartige Begegnungen. Das empfinde ich als großes Glück. Kein Tag ist wie der andere. Ich lerne jeden Tag neue Menschen kennen. Und all die Gespräche, die ich führe, vermitteln mir als Politiker verschiedene Einblicke und Ansichten. Von daher gibt es fast jeden Tag Überraschungen.

Was bedeuten für Sie die Begriffe …

Freiheit

… ist so wichtig wie Frieden und Sicherheit. Jeder Mensch auf der Welt wünscht sich das für sein eigenes Leben – unabhängig von der Herkunft, Nationalität oder Religion. In unserer Demokratie handeln wir gemeinsam aus, wie unsere Freiheit mit der Freiheit der anderen in Einklang gebracht werden kann.

Gerechtigkeit und Gleichheit

… das bedeutet für mich vor allem Respekt. Wir unterscheiden uns. Aber wir haben alle die gleichen Rechte und Pflichten. Und das darf nicht nur auf dem Papier gelten. Deswegen ist es so wichtig, dass niemand auf den anderen herabschaut oder sich für etwas Besseres hält. Zum Beispiel ist die Arbeit einer Gärtnerin, eines Altenpflegers oder einer Bauarbeiterin für unser Zusammenleben ebenso wichtig wie die eines Rechtsanwalts, einer Managerin oder eines berühmten Fußballers. Deshalb will ich ausdrücklich sagen: Respekt vor jeder Arbeit und jeder Lebensleistung zu haben ist wichtig.

Solidarität

… das bedeutet für mich Zusammenhalt. Solidarisch sein heißt: Ich stehe an deiner Seite, ich stärke dir den Rücken, gerade in schweren Zeiten oder wenn andere unfair werden. Eine solidarische Gesellschaft kann nur funktionieren mit einem starken Sozialstaat, der Rechte gewährt statt Almosen zu verteilen.

Toleranz

… das bedeutet bewusste Gelassenheit. Ob alt oder jung, Dorfkind oder Städter, Mann oder Frau, Bundeskanzler oder Tischlerin … wir sind unterschiedlich, und genau darin liegt unsere Stärke. Niemand gehört ausgeschlossen, weil er oder sie anders als man selbst ist.

„Wir brauchen die Demokratie wie die Luft zum Atmen."

Michail Gorbatschow
1931–2022, sowjetischer Politiker

„Die Demokratie, wie ich sie verstehe, muss den Schwächsten die gleichen Chancen zusichern wie dem Stärksten."

Mahatma Gandhi
1869–1948, indischer Rechtsanwalt und Pazifist

„Öffentliche Kontrolle und gegebenenfalls Kritik an Politikern ist in der Demokratie nicht nur berechtigt, sondern unerlässlich."

Rita Süssmuth
87, ehemalige Bundestagspräsidentin, CDU

RETTET DIE NATUR!

Die wichtigste Aufgabe der Menschen heute lautet: Rettet die Natur! Denn davon hängt die Zukunft der Menschheit und die Zukunft der Umwelt ab. Das war nicht immer so.

Unter Natur verstehen wir alles, das von selbst gewachsen ist und nicht vom Menschen geschaffen wurde. Lange bevor es Menschen gab, ist die Erde entstanden, und auch sie ist nur ein Teil des ganzen Weltalls, dessen Entstehung niemand erklären kann.

Seit Beginn der Erde hat sich die Natur immer weiterentwickelt. Es gab Hitzeperioden und Eiszeiten, Dinosaurier haben gelebt und sind wieder ausgestorben. Und langsam sind Lebewesen herangewachsen, die sich von anderen Tieren unterschieden. Sie konnten ihren Verstand einsetzen, um sich Sachen auszudenken, die ihnen das Leben erleichtern würden. Es waren die Menschen. Sie bauten den Speer für die Jagd. Entdeckten Feuer zum Kochen und Wärmen. Erfanden einen Bogen und einen Pfeil mit einer Spitze.

Die Menschen sind ein Teil der Natur.

Aus der Natur beziehen die Menschen Wasser und Nahrung. Bienen und Insekten bestäuben die Blüten der Pflanzen, die die Menschen anbauen, und Wälder dienen als Material zum Bauen oder Heizen. Damals galt die Natur im Großen als unverletzlich und schien im Einzelnen dem Menschen zum unbekümmerten Gebrauch zur Verfügung zu stehen. Doch je mehr sich die Menschen vermehrten, desto mehr griffen sie in die Natur ein. Um Ackerfläche zu gewinnen, rodeten sie ganze Wälder, um Städte oder Schiffe zu bauen, mussten über die Jahrhunderte unzählige Bäume gefällt werden.

Die Menschen machten sich die Erde untertan.

Und je mehr die Menschen an Technik erfanden, desto mehr wurde auch die Umwelt belastet. Heute werden die Meere, Flüsse und Seen mit Chemikalien oder Plastikabfällen verschmutzt, Fische sterben an

Giften, die aus Fabriken als Müll ins Wasser geleitet werden, Wälder sterben ab, weil aus den Schloten von Chemiewerken schädliche Stoffe in die Umwelt geblasen werden. Autos pusten Abgase in die Luft, die das Klima belasten. Der Mensch hat sich die Natur untertan machen können, weil er im Gegensatz zum Tier über Verstand verfügt. Und weil er denken kann, ist er fähig, Verantwortung zu übernehmen.

Wer ein verantwortungsvolles Leben führen will, sollte es als eine Selbstverpflichtung ansehen, zu lernen und sich zu bilden. Denn je mehr eine Person an Wissen verfügt, desto mehr kann sie ihre Handlungen als richtig oder falsch einschätzen. Wer aber weiß, wie die Menschen die Natur zerstören, wie der Lebensraum von Menschen geringer wird, wie dadurch der Bestand der menschlichen Gesellschaft und der Natur gefährdet sind, der wird eine Pflicht verspüren, verantwortlich zu handeln.

Was bedeutet das praktisch?

- Jeder ist verpflichtet, in seinem täglichen Leben darauf zu achten, sich so zu verhalten, dass es der Natur nicht schadet, ja vielleicht sogar hilft, Naturschäden zu heilen. Es heißt umweltbewusst zu handeln. Ich nehme das Rad statt des Autos, ich kaufe Fleisch aus biologischer Haltung statt aus Massentierhaltung, ich trage Kleidung, die umweltbewusst hergestellt wurde.
- Umweltbewusst handelt auch derjenige, der andere darauf hinweist, wenn sie die Natur belasten. Er weist den Handelnden auf seine Verantwortung für die Natur hin, die der andere vielleicht vergessen oder missachtet hat. Vielleicht schämt sich der Betroffene und verhält sich das nächste Mal besser.
- Man kann auch bei Wahlen darauf achten, eine Abgeordnete oder eine Partei zu wählen, die sich besonders für die Rettung des Klimas einsetzt.
- Wer für die Rettung des Kimas besonders viel machen will, der kann auch aktiv werden und einer Vereinigung oder gar einer Partei beitreten, die den Naturschutz fördert.
- Wem all das nicht reicht, der kann protestieren, wie es etwa die jungen Leute mit den Demonstrationen für „Fridays for Future“ tun.

Es ist ganz einfach: Vom verantwortungsvollen Handeln eines jeden hängt die Zukunft der Menschheit und die Zukunft der Natur ab.

DIE NATUR UND WIR – EINE KOMPLIZIERTE BEZIEHUNG

Der Mensch ist Teil der Natur – und zugleich hat er sich die Natur untertan gemacht. Was bedeutet das? Es bedeutet: Der Mensch kann nicht ohne die Natur leben. Und der Mensch ist selbst ein Tier, doch durch seine Vernunft vermag er sich über alle anderen Lebewesen und die gesamte Natur zu erheben. Viele Jahrtausende ist das dennoch gut gegangen. Doch durch die Industrialisierung, das heißt die Bearbeitung von Natur mit Maschinen, und die immer größere Zahl von Menschen auf der Erde ist das Gleichgewicht zwischen Mensch und Natur aus dem Lot geraten.

„In der Natur existiertnichts für sich alleine."

Rachel Carson

amerikanische Biologin, 1907–1964

Anthropozän

Obwohl es den Menschen erst rund 300 000 Jahre gibt – sozusagen ein Wimpernschlag in der 4,5 Milliarden alten Erdgeschichte –, hat er in den vergangenen 200 Jahren seit Beginn der Industrialisierung schon krasse Spuren auf der Erde hinterlassen. Die Epoche, in der wir leben, nennen viele darum **Anthropozän** – das Zeitalter des Menschen.

Noch in den 1950er-Jahren lebten rund **2,5 Milliarden** Menschen auf der Erde, heute sind es über **8 Milliarden** Menschen, die essen müssen, Kleidung brauchen, Strom, Wasser und Häuser.

Die Klimakrise: die größte Gefahr für die Menschheit

Weil die Weltbevölkerung wächst, wird immer mehr produziert: Nahrung, Kleidung, Heizungen, Handys, Autos und vor allem viel Kunststoff ... Viele dieser Produkte werden mit Maschinen hergestellt, die Strom brauchen. Seit Ende des 19. Jahrhunderts wurde dieser Strom durch das Verbrennen von Kohle und Erdgas erzeugt. Dabei entsteht das Gas Kohlendioxid, abgekürzt CO_2. Auch die Abgase von Flugzeugen, Schiffen und Autos enthalten CO_2. Hinzu kommt, dass Rinder bei der Verdauung Methan ausstoßen.

Was daran schlimm ist? Beides, CO_2 und Methan, sammelt sich in einer Hülle um die Erde an, die immer dichter wird. Dadurch heizt sich die Erde immer weiter auf. Die Folgen: Überschwemmungen, Stürme und Dürren, die sich schon jetzt auf die Erde auswirken.

WAS SIND EMISSIONEN UND WIE ENTSTEHEN SIE?

Emissionen sind eine der treibenden Kräfte der globalen Erwärmung. Es handelt sich dabei um Teilchen, Stoffe oder Strahlung, die in die Atmosphäre freigesetzt werden. Es gibt Emissionen aus der Natur wie beispielsweise Ruß aus Vulkanausbrüchen oder CO_2 aus Waldbränden. Und es gibt anthropogene Emissionen. Diese werden vom Menschen verursacht wie zum Beispiel Feinstaub, CO_2 und fluorierte Treibhausgase aus Verkehr und Wärme- und Stromerzeugung oder Methan aus der Tierhaltung.

WAS KANN /MUSS DIE POLITIK TUN?

KURZ & KNAPP

KLIMASCHUTZ

Vereinbarungen, die die Länder zum Klima beschließen, nennt man „Klimaschutzabkommen". Dabei wird vereinbart, dass sich die Länder an feste Regeln halten. Dazu gehört zum Beispiel, dass die Menschen in Zukunft weniger Treibhausgase in die Luft pusten. Die Staaten sollen klimafreundliche Technologien fördern wie erneuerbare Energien oder umweltfreundliche Autos.

Quelle: www.hanisauland.de

KLIMAKONFERENZEN

Die erste Klimakonferenz fand 1992 in Rio de Janeiro statt. Die Mitgliedsstaaten der Vereinten Nationen haben daran teilgenommen. Weitere wichtige Klimakonferenzen gab es 1997 im japanischen Kyoto und 2015 in Paris. Bei beiden Konferenzen wurden Grenzwerte für die Luftverschmutzung und den Temperaturanstieg festgelegt. „Grenzwerte" heißt, dass die beteiligten Länder einen festgelegten Höchstwert auf keinen Fall überschreiten wollen. Quelle: www.hanisauland.de

To-dos:

☐ Nachhaltige Energie fördern

Hier ist schon einiges passiert: Im Jahr 2000 wurde das Erneuerbare-Energien-Gesetz (EEG) erlassen. Es legt fest, dass jeder zusätzlich zum Strompreis einen festgelegten Betrag zahlen muss. Von diesem Geld wird die Herstellung von erneuerbaren Energien (vor allem Wind- und Sonnenenergie) gefördert.

☐ Kohleausstieg

Der Kohleausstieg ist in Deutschland erst für 2038 geplant. Tatsächlich müssten aber alle Kohlekraftwerke in der EU bis 2031 abgeschaltet werden, um die Klimaziele von Paris zu erreichen. Das Ziel: die Erwärmung der Erde auf deutlich unter 2 Grad Celsius, am besten auf 1,5 Grad Celsius im Vergleich zum vorindustriellen Niveau, also der globalen Durchschnittstemperatur vor dem 19. Jahrhundert, zu beschränken.

☐ Agrarwende

Kunstdünger müsste verboten werden. Bioprodukte und vor allem artgerechte und ökologische Tierhaltung müssten steuerlich begünstigt werden.

ACHTUNG, KUNSTSTOFF!

Zwischen den 1950er-Jahren und 2015 wurden auf der ganzen Welt mehr als 8 Milliarden Tonnen Plastik hergestellt. Für die Produktion von 1 Kilo Plastik werden etwa 2,5 Liter Erdöl verbraucht und dabei wird, klar, CO_2 freigesetzt. Allein die Produktion von Plastiktüten, die weltweit pro Jahr verbraucht werden, verursacht einen Ausstoß von 31 Millionen Tonnen CO_2. Wenn die Plastikproduktion weiterwächst wie bisher, werden das bis 2050 mehr als 50 Gigatonnen CO_2 sein, das sind 10 % des gesamten CO_2-Budgets, das wir einhalten müssen, damit sich die Erde nicht um mehr als 1,5 Grad Grad Celsius erwärmt.

Plastik einschränken

Um die Plastikflut einzudämmen, sind Einweg-Tragetaschen in Deutschland seit 1. Januar 2022 verboten. Unter das Verbot fallen allerdings nur solche mit einer Wandstärke von 15 bis unter 50 Mikrometern. 2017 hat Kenia das schärfste Plastiktütengesetz der Welt verabschiedet. Bis zu vier Jahre Haft oder 40 000 US-Dollar Strafe können Plastiktütensündern dort drohen.

Ein Teppich aus Müll

Im Pazifik hat sich der Plastikmüll aus allen Weltmeeren in einem riesigen Strudel gesammelt. Dieser Müllteppich ist inzwischen viermal so groß wie Deutschland.

ZERFALLSZEIT 450 JAHRE

Jedes dritte Plastikteil landet im Meer, das sind jede Minute eine Lastwagenladung. 450 Jahre dauert es, bis eine Plastikflasche zerfällt. Im Wasser zersetzt sich der Kunststoff zu Mikroplastik, kleinste Teilchen, die im Magen von Fischen und schließlich auch der Menschen landen.

Zwei Pionierinnen für Plastikersatz

Johanna Baare, 34, und Anne Lamp, 32, gründeten 2020 das Start-up „traceless materials GmbH", das eine nachhaltige Alternative zu konventionellem Kunststoff entwickelt hat. Dabei wird aus Agrarreststoffen ein Plastikersatz hergestellt. (www. traceless.eu)

„traceless hat die Besonderheit, dass es ganzheitlich nachhaltig ist. Vor allem ist es in der Umwelt in kürzester Zeit abbaubar und hilft damit, die globale Plastikverschmutzung zu lösen. Gleichzeitig hat es Funktionalitäten wie Kunststoffe und kann diese in sehr vielen Bereichen ersetzen."

UND WAS KANNST DU TUN?

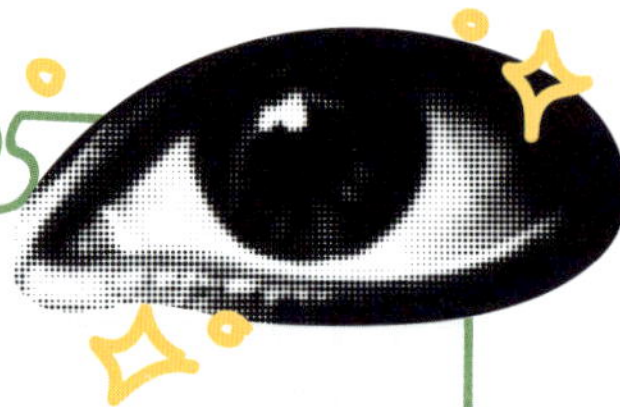

ICH FÜHLE MICH MACHTLOS

Seit Monaten kann ich nicht schlafen, wache immer wieder auf aus demselben Traum: Ich stecke fest und komme nicht weiter, ich ertrinke in Plastik und Abgasen, meine Füße kleben an dem Zement fest, den kein Baum zu durchdringen vermag. Ich schreie um Hilfe, doch ich werde nicht gehört. Jene, die helfen könnten, haben ein Meeting über die nächste Wirtschaftskrise und kehren mir den Rücken zu. Sie stehen da und lachen, während ich ertrinke in meinen immer größer werdenden Schuldgefühlen, der Welt nicht helfen zu können. Dann ist der Traum zu Ende, und ich wache auf mit der Erleichterung, dass es sich um etwas Surreales handelte – bis ich merke, dass es erschreckende Wirklichkeit ist.

Was kann ich tun? Ich kann auf die Straße gehen, doch ich werde nicht gesehen. Ich kann schreien, doch ich werde nicht gehört. Ich fühle mich machtlos, als wäre die Politik eine Gottheit, die über Leben oder Tod entscheidet und nun den Tod der Welt wählt. Nicht unwissend, sondern dem Geld geschuldet. Das Geld versperrt die Sicht auf die Natur, auf die Hilferufe, die unser Planet von sich gibt.

Fluten, Dürren, Stürme vermehren sich rasant. Doch die Länder, die die Folgen unseres Kapitalismus, unseres Konsums wie einen Schlag ins Gesicht abbekommen, sind die, die nicht an unserem Wohlstand teilhaben. Die sich keine Hilfe leisten können. Die Reparaturen nicht finanzieren können.

Text: Zora von der Wehl, 18, Max Brauer Schule, Hamburg

WENIGER IST MEHR

Energie sparen

Wenn du Geräte oder Computer nicht benutzt, schalte sie aus, da sie auch im Stand-by-Modus Energie verbrauchen.

Weniger Fleisch essen

Tierische Lebensmittel wie Fleisch, Käse oder Butter verursachen erheblich mehr Emissionen als pflanzliche Lebensmittel. Fast ein Fünftel der weltweiten Treibhausgasemissionen wird durch die Rodung von Flächen für die Viehwirtschaft verursacht.

Regionale und Bioprodukte kaufen

Für Obst und Gemüse, das in der Nähe deines Wohnorts geerntet wird, ist der Transport kürzer. Bioprodukte schonen Böden, Wasser und Luft.

Nur auf Langstrecken fliegen

Kein anderes Transportmittel verursacht so viel CO_2 wie das Fliegen. Besser: mit dem Zug fahren. Die längste Zugverbindung der Welt ist übrigens 18 755 Kilometer weit und führt von Lagos nahe Lissabon über Russland und China bis nach Singapur.

Gebrauchte, nachhaltig hergestellte und weniger Kleidung kaufen

In den EU-Staaten legt sich jeder und jede Einzelne jedes Jahr 15 Kilogramm an Bekleidung, Schuhen und Textilien wie Bettwäsche oder Handtücher zu. Pro Kopf werden damit 391 Kilogramm an Rohstoffen verbraucht, 9000 Liter Wasser und 400 Quadratmeter Landfläche.

Europäische Umweltagentur EEA, 2022

„Eine bessere und gerechtere Welt ist möglich“

Pauline Brünger
22, ist eine deutsche Klimaaktivistin und Sprecherin von „Fridays for Future“

Wie kam es dazu, dass Sie sich schon als Schülerin politisch engagiert haben?

Dass etwas mit der Welt gerade fundamental schiefläuft, bemerkt man doch unabhängig von seinem Alter. Ich hatte schon immer das Gefühl, dass ich da nicht nur zuschauen kann. Einmal natürlich, weil die Klimakrise mein eigenes Leben betrifft. Aber eben auch, weil ich gespürt habe, dass wir in Deutschland eine große Verantwortung tragen. Die Klimakrise wird maßgeblich in reichen Industriestaaten verursacht, während Menschen im Globalen Süden die Ersten sind, die von den Folgen getroffen werden.

Hat Ihr Engagement für Fridays for Future Ihr Leben verändert?

Wenn man einmal die Augen für die Ungerechtigkeiten in der Welt geöffnet hat, ist es fast unmöglich, sie wieder zu schließen. Ich denke nicht, dass mich der Kampf für eine bessere Welt jemals wieder loslassen wird. Durch meinen Aktivismus habe ich außerdem viele großartige Freund*innen gefunden.

Was halten Sie von der „Letzten Generation“?

Ich glaube persönlich, dass es klügere und effektivere Wege gibt, die Politik zum Handeln zu bewegen. Aber ich finde es auch beängstigend, wie viel Hass und Einschüchterung die Aktivist*innen der Letzten Generation gerade erfahren. Viele Politiker*innen nutzen die Ablehnung gegenüber der Letzten Generation, um insgesamt gegen Klimaschutz zu argumentieren. Das ist gefährlich.

Wieso geben Sie in Ihrem Kampf ums Klima nicht auf, obwohl sich so wenig ändert?

Wenn wir jetzt aufgeben würden, würden wir damit alle Wünsche und Hoffnungen der fossilen Lobby wahr machen. Ich bin fest davon überzeugt, dass eine bessere und gerechtere Welt möglich ist, wenn wir weiter für sie kämpfen.

Meinen Sie, man müsste die Strategien ändern, um mehr Ansehen zu bekommen für Ihr Anliegen Klimaschutz?

Als wir die Proteste mit Fridays for Future begonnen haben, hat in Deutschland fast niemand über die Klimakrise gesprochen. Inzwischen sind wir zum Glück in einer neuen Phase: Es geht nicht mehr nur darum, auf das Problem aufmerksam zu machen, sondern tatsächlich Maßnahmen zum Klimaschutz umzusetzen. Die Strategien der Klimabewegung müssen sich natürlich an diese Erkenntnis anpassen.

Wie können sich junge Menschen heute am besten in die Politik einbringen?

Niemanden betreffen heute getroffene politische Entscheidungen so sehr wie junge Menschen und trotzdem haben sie formal kaum Mitspracherecht. Das bedeutet aber nicht, dass junge Menschen machtlos sind. Als mit Fridays for Future Tausende junge Schülerinnen und Schüler die Schule für den Klimaschutz bestreikt haben, hat das zu nie zuvor da gewesenen klimapolitischen Fortschritten geführt. Unsere Demokratie besteht zum Glück nämlich eben aus viel mehr als nur Wahlen. Wenn man sich mit anderen jungen Menschen politisch zusammentut, kann man fast alles erreichen.

Was hilft gegen das Gefühl der Ohnmacht?

Mir gibt es viel Kraft, mich daran zu erinnern, wie viel Gutes in der Vergangenheit politisch schon erreicht wurde. Auch diese Erfolge sind nicht vom Himmel gefallen, sondern wurden oft hart erkämpft. Das können wir wieder schaffen. Denn unsere größte Macht liegt in der Masse von ganz normalen Menschen, die sich gegen die Ungerechtigkeit auflehnen. Und wenn man politisch aktiv wird, verschwindet auch das Gefühl der Ohnmacht.

FRIDAYS FOR FUTURE …

ist eine globale Bewegung, die für sofortige Klimaschutz-Maßnahmen gemäß des UN-Weltklima-Abkommens von 2015 kämpft. Sie wurde 2018 von der damals 15-jährigen Schwedin Greta Thunberg gegründet, die Schüler*innen zu Schulstreiks an jedem Freitag aufrief und von der Politik konsequentes Handeln forderte. Schnell verbreitete sich der Protest unter Schüler*innen weltweit. In Deutschland versteht sich Fridays for Future als basisdemokratische Graswurzelbewegung.

INFORMIERT SEIN UND MITBESTIMMEN

Wer mitbestimmen will, was in seinem Leben passiert, der muss informiert sein. Informiert ist jemand, der die Tatsachen kennt, um die es geht, und der auch die Zusammenhänge versteht. Und eine Tatsache ist ein wirklicher, nachweisbarer, bestehender, wahrer oder anerkannter Sachverhalt. Nun stellen sich zwei Fragen:

Wie wird man informiert? Und: Woher weiß man, ob die Information auch eine wahre Tatsache ist?

Es gibt Tausende verschiedene Wege, wie man informiert wird. Jemand sagt einem, dass morgen die Busfahrer streiken, man bekommt eine Nachricht auf dem Handy, dass die Busfahrer nicht streiken, man liest im Online-Portal, dass die Busfahrer überlegen zu streiken.

Was aber ist nun die wirkliche Tatsache? Denn zu wissen, ob der Bus fährt oder nicht, ist für denjenigen, der den Bus zur Schule nehmen will, sehr wichtig. Wenn die Busfahrer wirklich streiken, muss man sich überlegen, ob man besser mit dem Rad fährt oder zu Fuß geht.

Wer eine Nachricht erhält, sollte genau überlegen, ob sie wahr sein kann. Am besten prüft man ihren Wahrheitsgehalt, indem man eine andere „Quelle“, also jemand anderen fragt, der glaubwürdig erscheint, beim Buss zum Beispiel die homepage des Busunternehmens.

Aber leider werden inzwischen viele Nachrichten gefälscht. Sie bezeichnet man mit dem englischen Begriff: Fake News. Und die sind nicht immer leicht zu durchschauen. Denn manchmal lügen Leute, von denen man es nicht erwartet. So hat der russische Außenminister Sergej Lawrow 2016 behauptet, in Deutschland sei eine dreizehnjährige Tochter von Russlanddeutschen in Berlin durch Flüchtlinge vergewaltigt worden. Bevor sich Lawrow äußerte, war im russischen Fernsehen bereits eine gefälschte Reportage gelaufen. Da wurde ein dunkelhäutiger Mann gezeigt, der sich brüstete, mit fünf anderen Männern ein junges Mädchen vergewaltigt zu haben. Wie sich herausstellte, war diese Aufnahme schon seit Jahren im Internet zu sehen und hatte mit der falschen Behauptung des russischen Außenministers nichts zu tun. So falsch die Reportage auch war, sie verbreitete sich mit beängstigender Geschwindigkeit im Internet und war auf Facebook schon nach drei Tagen 1,3 Millionen Mal geklickt worden. Deutsche rechtsradikale Internetseiten übersetzten den Beitrag. Da stellt sich die Frage, ob die russische Propaganda sich der Rechtsradikalen in Deutschland bedient. Nun ist es schwierig, Fake News zu entlarven, wenn man eine Reportage sieht, die man erst einmal für richtig hält; denn man hat es ja im Bild gesehen!

Es gilt also, kritisch zu sein, nicht immer alles sofort zu glauben.

Leider sind auch Journalisten nicht gegen Falschmeldungen gefeit. So haben im Jahr 2000 seriöse Zeitungen einen scheinbar fürchterlichen Vorfall als Tatsache aus der voyeuristischen BILD-Zeitung übernommen. BILD erfindet immer wieder Geschichten, die grässlich klingen, damit Leute sie lesen. So stand dort, ein kleiner Junge namens Joseph Abdulla (Abdulla klingt ausländisch) sei von einer Gruppe Neonazis (die gegen Ausländer sind) in ein Schwimmbecken geworfen und dort ertränkt worden. Nichts davon stimmte. Aber die gesamte deutsche Presse nahm die erfundenen Behauptungen aus der BILD auf und verzichtete auf eine eigene, gründliche Prüfung.

Hinter den falschen Nachrichten stecken häufig große politische oder wirtschaftliche Interessen.

Im Internet gibt es immer mehr Faktenfinder, die Fake News auseinandernehmen, die erläutern, wer Falschmeldungen einsetzt, welche Absichten dahinterstecken, welche demokratiegefährdenden Wirkungen Fake News – zumal in polarisierten Gesellschaften – entfalten und welche Möglichkeiten bestehen, dem entgegenzutreten.

Aber wie soll ein einfacher Bürger unterscheiden zwischen solchen Meldungen? Wichtig ist, so viel wie möglich Sachverhalte zu überprüfen, ob sie wahre Tatsachen sein können. Am besten informiert man sich aus Quellen, die als verlässlich bekannt sind, wie die Nachrichten in den öffentlichen Fernsehkanälen.

NACHRICHTEN

KURZ & KNAPP

Informationen über wichtige Dinge aus Politik, Wirtschaft, Sport und anderen Bereichen gibt es in den Nachrichten. Sie werden regelmäßig im Fernsehen und im Radio gesendet. Nachrichten sind kurz und knapp. Sie müssen wahr und nachprüfbar sein. Sie dürfen die Menschen nicht belügen.

Quelle: www.hanisauland.de

FAKE NEWS

Fake News setzt sich aus zwei Begriffen zusammen. „Fake“ heißt „gefälscht“ und „news“ heißt „Nachrichten“. Es sind also gefälschte Nachrichten. Mit reißerischen Schlagzeilen, gefälschten Bildern und Behauptungen werden so Lügen und Propaganda (politische Beeinflussung) verbreitet. Fake News erwecken den Eindruck, dass es sich um echte Nachrichten handelt. Quelle: www.hanisauland.de

WIESO GIBT ES FAKE NEWS?

Fake News sollen Menschen beeindrucken. Die Leser sollen die Fake News anklicken, liken und weiterleiten. Dadurch wird Geld verdient. Kriminelle nutzen Fake News für Betrügereien.

DEMAGOGIE

KURZ & KNAPP

Dieses Wort stammt aus dem Griechischen und bedeutet so viel wie „Volksaufwiegelung“, „politische Verhetzung“. Ein Mensch, dem es gelingt, mithilfe von Schmeicheleien, unbewiesenen Behauptungen und Täuschungen andere Menschen für sich und seine politischen Ziele zu gewinnen, wird „Demagoge“ genannt. Er gewinnt seine Zuhörer durch falsche Versprechungen. Seine Kritiker macht er schlecht und wiegelt die Leute gegen sie auf. Ein Demagoge ist ein Volksverführer, der alles tut, um an die Macht zu kommen und sie dann gewissenlos auszuüben. Demagogen waren und sind häufig auch Diktatoren (zum Beispiel Adolf Hitler). Quelle: www.hanisauland.de

„Auch Meinungen müssen auf Fakten aufbauen“

Staiy
36, YouTuber und Livestreamer.

Warum wurden Sie YouTuber bzw. Livestreamer?

Da war Glück. Ich hatte vorher einen ganz „normalen“ Job und dann hat sich diese Chance ergeben, weil es Menschen gibt, die glauben, ich sei unterhaltsam oder es ist ihnen ihre Zeit wert, mir zuzuhören.

Was können Sie mit Ihren Livestreams politisch erreichen?

Vor allem gegen Politikverdrossenheit kämpfen. Viele Menschen beschäftigen sich nicht mit politischen Themen, weil sie den Eindruck haben, dass es keinen Unterschied macht, ob sie sich auskennen oder nicht.

Wen wollen Sie erreichen?

Hauptsächlich junge Leute, ich möchte ihnen zeigen: Hey, Politik ist interessant und kann neben trockenen Inhalten wirklich spannend und zum Teil auch unterhaltsam sein!

Klären Sie über Fake News auf?

Ja, wenn ich sie entdecken kann, dann tue ich das. Ich arbeite aktuell aber besonders in diesem Kontext gegen Populismus und vereinfachte Darstellung von komplexen Problemen. Leider ist das aber auch ein Kampf gegen Windmühlen, denn Social Media bringt allerlei Kampfbegriffe und verkürzte Darstellungen so schnell an die Leute, dass es oftmals fast unmöglich ist dort korrekt einzugreifen.

Warum ist es wichtig zwischen Fakten und Meinungen zu unterscheiden?

Weil das eine mit dem anderen erst mal nichts zu tun hat. Eine Meinung zu einem Thema kann man auch haben, ohne die zugrunde liegenden Fakten zu kennen. Ich kann also eine Position beziehen und diese vehement vertreten, ohne auch nur eine einzige wissenschaftliche Studie gelesen oder den Konsens dazu jemals erfahren zu haben. Ich finde es allerdings auch wichtig, Meinungen zu haben, allerdings müssen sie auf Fakten aufbauen.

Wie informieren Sie sich?

Ich vermeide Social Media und den Springer-Verlag zum großen Teil und konsumiere ein Potpourri aus unterschiedlichen klassischen Nachrichten wie die ZEIT, Süddeutsche, Tagesschau, Deutschlandfunk, Frankfurter Allgemeine und Ausgaben des öffentlich-rechtlichen Rundfunks.

WAHR ODER FALSCH – WIE FINDE ICH DAS HERAUS?

Dabei helfen **Faktenchecker.** *Das sind Organisationen oder Initiativen, die Fake News aufdecken und mit Fakten richtigstellen. Ein Team aus unabhängigen Journalist*innen prüft fragwürdige Nachrichten, Bilder, Websites oder Videos auf ihren Wahrheitsgehalt und zeigt auf, welche Aussagen oder Informationen falsch oder aus dem Kontext gerissen sind.*

dpa-Faktencheck

Wer checkt die Fakten: Journalist*innen der dpa (Deutsche Presse-Agentur)
Finanzierung: durch unternehmerische Tätigkeit der dpa als Nachrichtenagentur und Informationsdienstleistung
www.dpa.com/de/faktencheck

Mimikama

Sehr anschaulich mit vielen aktuellen Beispielen zu Fake News.

Wer checkt die Fakten: ehrenamtliche Mitarbeiter*innen in Kooperation mit Facebook, Polizeidienststellen sowie dem Bundes- und Landeskriminalamt
Finanzierung: durch Werbung und Spenden von Internetnutzer*innen
www.mimikama.org

Correctiv

Wer checkt die Fakten: Journalist*innen
Finanzierung: durch Spenden, Finanzierungen von Stiftungen und Institutionen und Einnahmen aus wirtschaftlichen Aktivitäten (z. B. Workshops oder Buchverkäufe)
www.correctiv.org/faktencheck

Lie Detectors

(Lügenaufdecker) ist eine gemeinnützige Organisation, die Kindern und Jugendlichen dabei hilft, manipulative Informationen besser zu erkennen und einzuschätzen, die deren Instagram-, Snapchat-, YouTube- und WhatsApp-Konten zunehmend bevölkern. Dafür schickt Lie Detectors Journalist*innen an Schulen. Was sie dabeihaben: zum Beispiel diese tolle Werkzeugliste, um Falschnachrichten zu erkennen! Quelle: www.lie-detectors.org/de

QUELLEN-CHECK

Bei Quelle meinen wir, wo kommt die Meldung eigentlich her?

Wo steht die Meldung? Was sagt dir das Impressum?

TIEFER LESEN

Lies nicht nur die Überschrift:

Was ist die ganze Geschichte? Überschriften sind oft reißerisch. Gibt es Links im Text, auf die du klicken kannst und die dir mehr sagen?

VERFASSER

Schaue dir den Autor/die Autorin an:

Ist er/sie glaubwürdig?

VERGLEICH

Schaue dir weitere Quellen an und vergleiche:

Wie berichten andere über das Ereignis? Das geht ganz leicht mit einer Suchmaschine wie Google, Bing oder Yandex.

WANN GENAU?

Schaue dir das Datum an:

Ist es wirklich ein neuer Bericht oder hat da jemand ein Bild oder eine Geschichte einfach wiederholt?

HA HA!

Ist es ein Witz?

Wenn es zu befremdlich ist, kann es sein, dass es ein Witz oder Satire ist und gar nicht ernst gemeint ist. Prüfe Quelle und Autor*innen.

EXPERT*INNEN

Sprecht mit Expert*innen:

Was sagen Leute, die sich auskennen?

DER EIGENE VERSTAND

Ganz wichtig: Benutze den Kopf!

Was sagt dein eigener Verstand? Hast du bereits eine Meinung, die dich beeinflusst?

BILDERSUCHE

Wo kommt das Bild oder Video her?

Eine Bilderrückwärtssuche ist leicht und kann beim Entschlüsseln helfen.

WO GIBT ES GUTE INFOS IM INTERNET? EIN QUELLEN-GUIDE

Dinge Erklärt – Kurzgesagt

Kurzgesagt ist eine animierte Videoserie zu wissenschaftlichen und gesellschaftspolitischen Themen, die von Philipp Dettmer gegründet wurde. Sie wird veröffentlicht über den englischsprachigen YouTube-Kanal *Kurzgesagt – In a Nutshell* und den deutschsprachigen Kanal *Dinge Erklärt – Kurzgesagt*, der bis Ende 2022 Teil des Netzwerkes „funk" von ARD und ZDF war.

MrWissen2Go

Mirko Drotschmann alias „MrWissen2Go" ist Journalist, Youtuber und Webvideo-Produzent mit Schwerpunkt Geschichte, Politik und Gesellschaftsthemen. Auf seinem Kanal liefert er Allgemeinwissen rund um Politik, Geschichte und das aktuelle Zeitgeschehen. „Manchmal mit Meinung", wie er selbst sagt. MrWissen2go wird produziert von „funk". funk ist ein Gemeinschaftsangebot der Arbeitsgemeinschaft der Rundfunkanstalten der Bundesrepublik Deutschland (ARD) und des Zweiten Deutschen Fernsehens (ZDF).

logo!

Die ZDF-Nachrichtensendung für Kinder wird täglich auf KIKA ausgestrahlt.

duda.news

Hier schreibt die Kinderredaktion der Zeitung „Kölner Stadt-Anzeiger".

Kindersache

Vom Deutschen Kinderhilfswerk – auf der Mitmach-Seite sind aktuelle Nachrichtentexte kindgerecht aufbereitet, die Kommentare aus der Community werden moderiert.

LeNews

Auf YouTube – der deutsche Webvideoproduzent LeFloid bietet Jugendlichen eine Mischung aus Nachrichten und Unterhaltung, die von Ironie und Satire geprägt sind.

www.mitmischen.de

mitmischen.de

Die Webseite des Deutschen Bundestags für Jugendliche wird von jungen Reporterinnen und Reportern direkt aus dem Bundestag gestaltet.

Short-Clips der tagesschau

Die Short-Clips der ARD-Tagesschau auf YouTube werden von jungen Menschen moderiert und bilden tagesaktuelle Geschehnisse in wenigen Minuten ab.

nicetoknow

Der Nachrichtenkanal des WDR auf TikTok bereitet Nachrichten für junge Menschen zwischen 14 und 16 Jahren auf. Fünf junge Hosts schreiben ihre Texte selbst, produzieren mit professioneller Unterstützung Clips und beantworten Kommentare aus der Community. Die Auswahl der Themen findet in Zusammenarbeit mit einer 10. Schulklasse statt.

funk

Von ARD und ZDF – Das Content-Netzwerk ist auf verschiedenen Social-Media-Kanälen aktiv und richtet sich mit einem Mix aus Information, Orientierung und Unterhaltung an Jugendliche und junge Erwachsene ab 14 Jahren.

Beispiele für gute Podcasts für jüngere Kinder:

Neuneinhalb

So heißen die Kindernachrichten der Maus-Redaktion des WDR – Im Mittelpunkt steht immer ein Thema, das aktuell für Aufmerksamkeit gesorgt hat.
https://kinder.wdr.de/tv/neuneinhalb

Kindernachrichten

Von NDR Info – immer samstags gibt es Nachrichten für Kinder als Podcast.
www.ndr.de/nachrichten/info/podcast4096.html#items

„Ohne freie Medien keine Demokratie“

Sherif Rizkallah
28, ist ein deutscher Journalist und Moderator der Kindernachrichtensendung „logo!“ im ZDF

Warum sind Sie Journalist geworden?

Ich bin in Ägypten zu einer Zeit aufgewachsen, in der zwei politische Umstürze das Leben komplett auf den Kopf gestellt haben. Diese Erfahrungen haben mir sehr deutlich gezeigt, wie wichtig unabhängige Informationsquellen für eine Gesellschaft sind. Das hat mich zum Journalismus geführt.

Warum sind Fragen im Journalismus wichtiger als Antworten?

Die richtigen Fragen zu stellen ist eine hohe Kunst. Journalist*innen, die es schaffen die Fragen zu stellen, die zum Beispiel die interviewte Person nicht erwartet, bekommen einen besseren Eindruck davon, wie sie denkt, was sie bewegt und was sie antreibt. Man bekommt nicht die vorgefertigten (manchmal sogar auswendig gelernten) Antworten. Mit den richtigen Fragen kommt man als Journalist*in der interviewten Person näher – und das Publikum damit auch.

Brauchen wir eine Nachrichtensendung für Kinder?

Wir haben zum Glück seit mehr als drei Jahrzehnten schon eine, nämlich die ZDF-Kindernachrichtensendung „logo!“. Und ich bin sehr stolz darauf, als Moderator Teil dieser Sendung sein zu dürfen. Denn Kinder müssen eine Möglichkeit haben, sich eigenständig und unabhängig informieren zu können. Das ist ihr Recht.

Wie erklären Sie jungen Leuten, was Fakten sind (und was Meinungen)?

Fakten sind gesicherte Informationen. Für diese haben eine größere Anzahl an Fachleuten, also Leute, die sich damit gut auskennen, Belege. Meinungen dagegen haben mit einem selbst zu tun und wie man selbst auf ein Thema schaut. Ein Beispiel, um das deutlich zu machen: Der Bundestag soll die gesamte Bevölkerung repräsentieren. Doch eine Datenauswertung zeigt: Viele Bevölkerungsgruppen kommen im Bundestag zu wenig vor. Es gibt zum Beispiel zu wenig junge Leute im Bundestag. Das ist ein Fakt. Ob das ein Problem ist oder nicht, das ist Ansichtssache. Da kann man unterschiedlicher Meinung sein.

Wie können Jugendliche heute Wahrheit und Lüge in den Medien unterscheiden?

Bei der Fülle an Informationen, mit denen wir tagtäglich in Berührung kommen, ist es wichtig ein Gespür dafür zu entwickeln, welche Quellen glaubwürdig sind. Besonders kritisch sollte man mit Quellen sein, hinter denen nur eine Person steht. Deswegen ist es wichtig immer mehrere Quellen heranzuziehen und die Informationen zu vergleichen.

Welche Rolle spielen Medien für eine Demokratie?

Eine sehr entscheidende: ohne freie Medien keine Demokratie. Das kann man daran beobachten, dass autoritäre Staaten als Erstes versuchen die unabhängigen Medien unter ihre Kontrolle zu bringen.

Wie informieren Sie sich?

Ich bin ein News-Junkie. Das ist eine Berufskrankheit. Ich checke und vergleiche ständig die unterschiedlichen Informationsquellen, die ich habe. Von Social Media über internationale Nachrichtendienste bis zum „heute-journal".

Haben Sie in Ihrer Arbeit schon mal einen Fehler gemacht?

Natürlich. Jeder macht Fehler. Wichtig ist, dass man nach den Ursachen forscht und daraus lernt. Im Journalismus ist es wichtig mit Fehlern transparent umzugehen, um glaubwürdig zu bleiben.

LEXIKON

Quelle: www.hanisauland.de

A

Abgeordnete Bürgerinnen und Bürger eines Landes können nicht alle gleichzeitig entscheiden, welche Politik gemacht wird, deshalb wählen sie Personen, die sie vertreten. Abgeordnete entscheiden im Sinne ihrer Wählerinnen und Wähler und sind Vertreterinnen und Vertreter des Volkes, also von uns allen. Ihre wichtigste Arbeit findet neben den Parlamenten (z.B. dem Bundestag) in Arbeitsgruppen und Ausschüssen statt. Die meisten Abgeordneten gehören einer Partei an, sie können aber auch parteilos sein.

Außenpolitik Wenn Politik mit anderen Staaten zu tun hat, nennt man sie Außenpolitik. Dafür ist in Deutschland das Außenministerium zuständig, der Chef oder die Chefin ist der Außenminister oder die Außenministerin. Die Beziehungen zu anderen Staaten sind in Verträgen und Bündnissen geregelt. In bestimmten Fällen arbeiten mehrere Staaten durch eine gemeinsame Außenpolitik zusammen, zum Beispiel in der Europäischen Union (EU).

Asyl In vielen Ländern der Welt sind Menschen wegen ihrer Religion oder politischen Überzeugung nicht sicher und werden verfolgt. Deshalb fliehen manche aus ihrem Zuhause und bitten ein anderes Land um „Asyl". Das bedeutet, dass sie dort in Frieden leben, wohnen und arbeiten möchten. Viele demokratische Staaten haben in ihrer Verfassung geregelt, in welchen Fällen Asyl erlaubt wird.

Arbeitskampf Manche Menschen sind unzufrieden mit ihrer Arbeit und möchten zum Beispiel mehr Geld verdienen. Um zu verhandeln, können sich die Arbeiterinnen und Arbeiter zu Gewerkschaften zusammenschließen, die Arbeitgeber schließen sich zu Arbeitgeberverbänden zusammen – so werden alle Interessen vertreten. Kann man sich nicht einigen, kommt es häufig zu einem „Arbeitskampf", bei dem man zwischen einem „Streik", der von den Arbeiterinnen und Arbeitern ausgeht, und einer „Aussperrung", die von den Arbeitgebern ausgeht, unterscheidet. Ein Arbeitskampf endet erst, wenn sich beide Seiten einigen.

Aufklärung Die „Aufklärung" ist eine Denkrichtung, die im 17. Jahrhundert in Europa entstand. Sie erklärt die Vernunft (die Rationalität) des Menschen und ihren richtigen Gebrauch zum Maßstab von allem Handeln. Dinge und Regeln, die lange als wahr galten, wurden hinterfragt, und Menschen forderten mehr Freiheiten. Ein berühmter Vertreter der Aufklärung war der Philosoph Immanuel Kant.

Antisemitismus Wenn jemand einen Hass auf Menschen mit jüdischem Glauben hat, nennt man das „Antisemitismus". Dieser Hass zeigt sich durch Beschimpfungen oder körperliche Gewalt. Besonders grausam war der Antisemitismus im Nationalsozialismus, wo es zu einer organisierten Massentötung von Jüdinnen und Juden kam, dem sogenannten Holocaust, bei der viele Millionen Menschen in Europa ermordet wurden. Damals wurde dieser Völkermord vom deutschen Staat durchgeführt, heute sind antisemitische Handlungen in Deutschland verboten und werden verfolgt und bestraft.

B

Bürger/in Fast alle Menschen sind heute Bürger und Bürgerinnen eines Landes und haben Bürgerrechte. Früher bezog sich der Begriff nur auf Menschen, die in der Nähe einer Burg lebten und das Recht hatten, im Falle eines Krieges innerhalb der Burgmauern Schutz zu suchen. Nicht alle Menschen hatten dieses Recht. Heute haben alle Bürgerinnen und Bürger eines Staates die gleichen Rechte und Pflichten.

Bundesländer / Föderalismus Deutschland besteht aus 16 Bundesländern, das sind kleine Staaten, die gemeinsam die Bundesrepublik Deutschland bilden. Die kleinsten Bundesländer sind die Stadtstaaten Hamburg, Berlin und Bremen. Weder die Bundesregierung noch die Bundesländer haben die alleinige politische Macht in Deutschland: In manchen Bereichen, wie der Außenpolitik, ist die Bundesregierung (der „Bund") zuständig, in anderen Bereichen, wie der Schulpolitik, die Bundesländer. Diese Verteilung der Macht zwischen Bund und Bundesländern nennt man „Föderalismus".

Bundesrepublik Deutschland Die Bundesrepublik Deutschland hat etwa 84 Millionen Einwohnerinnen und Einwohner, sie liegt in der Mitte Europas und ist einer der wichtigsten Industriestaaten der Welt. Sie wurde am 23. Mai 1949 mit der Erstellung des Grundgesetzes gegründet. Im Grundgesetz steht, dass die Bundesrepublik demokratisch und sozial ist: demokratisch, weil die Menschen durch freie Wahlen die Politik des Landes mitbestimmen, und sozial, weil die Menschen Hilfe von der Politik bekommen, wenn sie sie brauchen.

Bundestag Wenn viele Millionen Menschen in einem Land leben, braucht man Regeln und Gesetze. Da nicht alle Menschen gleichzeitig über die Politik entscheiden können, wählen sie Vertreterinnen und Vertreter, sogenannte Abgeordnete, die vier Jahre lang für sie entscheiden und den Deutschen Bundestag bilden. Der Bundestag sitzt in Berlin und hat mehrere Aufgaben: Er wählt die Bundeskanzlerin oder den Bundeskanzler, stimmt darüber ab, welche Gesetze gelten sollen (Gesetzgebung) und kontrolliert die Regierung. Um Dinge zu entscheiden, muss mindestens die Hälfte aller Mitglieder des Bundestages anwesend sein.

Bundeskanzler/in Die Regierung hat einen Chef, der vom Bundestag gewählt wird: den Bundeskanzler oder die Bundeskanzlerin. Seit Dezember 2021 ist Olaf Scholz unser Bundeskanzler. Er sucht die Ministerinnen und Minister aus, mit denen er vier Jahre lang die Regierung bildet und die für verschiedene Bereiche verantwortlich sind. Um Bundeskanzlerin oder Bundeskanzler zu werden, muss man volljährig sein, also 18 Jahre alt.

Berliner Mauer Die „Berliner Mauer" stand zwischen 1961 und 1989 und hat Berlin in zwei Teile getrennt: Ost-Berlin gehörte zur DDR (Deutsche Demokratische Republik), West-Berlin gehörte zur BRD (Bundesrepublik Deutschland). Da die Regierung der DDR mit ihr verhindern wollte, dass die Einwohnerinnen und Einwohner ihr Land verlassen, war die Mauer über drei Meter hoch und sehr schwer zu überwinden. Trotzdem haben es einige Menschen versucht und ihr Leben riskiert, 136 sind dabei erschossen worden. Als der Staat der DDR 1989 nach starken Protesten zusammenbrach, wurde auch die Berliner Mauer niedergerissen.

Bildung Wenn man viel weiß und viele Bücher gelesen hat, gilt man als gebildet, diese Art der Bildung nennt man Allgemeinbildung. Es kann aber auch „Ausbildung" damit gemeint sein, also die Zeit in der Schule, der Lehre oder der Universität als Vorbereitung auf die Arbeit. Zur Bildung gehört auch die innere Bildung, die Herzensbildung, damit man als Mensch verantwortungsbewusst handeln kann. Bildung ist nicht an ein bestimmtes Alter gebunden, sondern begleitet einen das ganze Leben.

Bundesregierung Die Bundesregierung wird auch „Kabinett" genannt und leitet den Staat. Dazu gehören die Ministerinnen und Minister und der Regierungschef (unser Bundeskanzler) oder die Regierungschefin. Die Bundesregierung erarbeitet Gesetze, und wenn die Mehrheit des Bundestags diesen Gesetzen zustimmt, werden sie gültig. Neben der Bundesregierung gibt es auch die Regierungen der 16 deutschen Bundesländer, die „Landesregierungen", die nur für ihr jeweiliges Bundesland verantwortlich sind.

Brüderlichkeit Das Wort „Brüderlichkeit" ist bekannt durch die Französische Revolution und ihre großen Schlagworte Freiheit, Gleichheit, Brüderlichkeit (liberté, égalité, fraternité). Unter Brüderlichkeit versteht man, dass alle Menschen die gleiche Menschenwürde besitzen und gleichwertig sind. Das bedeutet, dass allen die gleichen Rechte zustehen sollten.

C

Christentum Es gibt fünf Weltreligionen: das Christentum, das Judentum, den Islam, den Buddhismus und den Hinduismus. Über zwei Milliarden Menschen bekennen sich heute weltweit zum Christentum, sie glauben an Gott, seinen Sohn Jesus Christus und das ewige Leben. Es gibt verschiedene Gemeinschaften innerhalb des Christentums, die größte ist die katholische Kirche mit dem Papst als Oberhaupt, der in Rom lebt. Eine andere Gemeinschaft ist die evangelische Kirche, die auf Martin Luther und die „Reformation" zurückgeht.

Chancengleichheit In unserem Grundgesetz steht, dass alle Bürgerinnen und Bürger vor dem Gesetz gleich sind. Dabei soll es keine Rolle spielen, welches Geschlecht oder welche Hautfarbe jemand hat oder ob jemand aus einer reichen oder armen Familie kommt. Trotz der unterschiedlichen Voraussetzungen sollen alle Menschen die gleichen Chancen haben, das zu erreichen, was sie in ihrem Leben erreichen möchten. Da es noch nicht überall Chancengleichheit gibt, arbeiten Politikerinnen und Politiker daran, sie zu verwirklichen.

D

DDR Nach dem Zweiten Weltkrieg gab es zwischen 1949 und 1990 zwei Staaten in Deutschland: die Bundesrepublik Deutschland und die DDR (Deutsche Demokratische Republik), die sich auf dem Gebiet der heutigen Bundesländer Mecklenburg-Vorpommern, Thüringen, Brandenburg, Sachsen, und Sachsen-Anhalt befand. Getrennt waren die beiden Staaten durch die Berliner Mauer. Die DDR war ein sozialistischer Staat, in dem die Menschen nicht frei leben und wählen konnten. Obwohl die DDR sich selbst „demokratisch" nannte, war sie eigentlich eine Diktatur.

Diskriminierung Wenn einzelne Menschen oder Gruppen wegen z. B. ihrer Hautfarbe oder Religion benachteiligt werden, werden sie diskriminiert. Das hat oft mit Vorurteilen zu tun, denn manche Menschen haben ohne Grund eine schlechte Meinung von Menschen anderer Herkunft und behandeln sie deshalb ungerecht. Auch wegen des Geschlechts gibt es Diskriminierung: Z. B. erhalten Frauen trotz der gleichen Arbeit manchmal weniger Geld als ihre männlichen Kollegen.

Demokratie Demokratie bedeutet im Griechischen „Herrschaft des Volkes", das bedeutet, dass die Bürgerinnen und Bürger in freien Wahlen entscheiden, von wem sie regiert werden wollen. In unserem Staat leben die Menschen in Freiheit und dürfen ihre Meinung frei sagen. Unsere Gesetze gelten für alle Menschen, auch der Staat muss sich an sie halten. Ein demokratischer Staat ist also immer auch ein Rechtsstaat.

E

EU EU steht für „Europäische Union" und ist ein Zusammenschluss von 27 europäischen Staaten. Sie möchte Frieden und Wohlstand sichern und die Demokratie stärken, deshalb können nur demokratische Staaten der EU beitreten. Auch wenn die Staaten zusammenarbeiten und gemeinsame Ziele haben, gibt es manchmal Streit. Dann ist es wichtig, viel zu reden und bereit zu sein, Kompromisse zu schließen.

Europa Europa ist ein Erdteil, ein sogenannter Kontinent, das sind zusammenhängende Landmassen. In Europa leben mehr als 700 Millionen Menschen in 47 Staaten und es werden mehr als 60 Sprachen gesprochen. Europa ist nach Australien der zweitkleinste Kontinent, und 27 europäische Staaten haben sich zur Europäischen Union (EU) zusammengeschlossen. Die anderen Kontinente sind Antarktika, Asien, Amerika (Nord- und Südamerika), Afrika und Australien (mit Ozeanien).

Ethik Die Ethik ist eine Wissenschaft. Sie beschäftigt sich mit der Frage, was gute und schlechte Taten sind, wozu auch die Frage gehört, wann ein Mensch gut oder böse ist. Das ist nicht einfach zu beantworten, weil es nicht nur darum geht, was jemand getan hat, sondern auch warum jemand etwas getan hat. Da Menschen mit verschiedenen ethischen Grundwerten aufwachsen, handeln wir in bestimmten Situationen unterschiedlich.

F

Französische Revolution Wenn Menschen sich durch ihre Staatsmacht ungerecht behandelt fühlen, schließen sie sich oft mit anderen Menschen zusammen und kämpfen häufig mit Gewalt dagegen an. Eine solche Umwälzung nennt man „Revolution", die bekannteste ist die Französische Revolution von 1789. Ein großer Volksaufstand hat damals den König gestürzt, woraus eine neue politische Ordnung entstand, in der das Volk die Macht hatte. Bekannt für die Französische Revolution sind die Schlagworte: „Freiheit, Gleichheit, Brüderlichkeit".

Frauenbewegung Über Jahrhunderte hatten Frauen viel weniger Rechte als Männer, sie durften zum Beispiel keine Schulen oder Universitäten besuchen. Obwohl Frauen schon zum Ende des 18. Jahrhunderts begannen, für gleiche Rechte zu kämpfen, dürfen sie in Deutschland erst seit 1918 wählen. Ende der 1960er-Jahre entstand in Deutschland die sogenannte neue Frauenbewegung, die auch als „Feminismus" bezeichnet wird. Sie kämpft gegen die Bevorzugung von Männern und für Gleichberechtigung, die inzwischen in Gesetzen festgeschrieben ist.

Freiheit Wenn Menschen frei sind, können sie selbst entscheiden, wie sie leben möchten, so steht es in unserem demokratischen Grundgesetz. Freiheit ist ein Menschenrecht, doch sie hat ihre Grenzen. Freiheit hört nämlich dort auf, wo sie die Freiheit anderer Menschen einschränkt. 1787 wurde die Freiheit aller Menschen zum ersten Mal in der amerikanischen Verfassung festgeschrieben.

Friedliche Revolution / Mauerfall Eine „Revolution" bezeichnet häufig den gewaltsamen Kampf der Bevölkerung gegen die Staatsmacht. Doch es gibt auch friedliche Revolutionen, zum Beispiel das Ende der DDR (Deutsche Demokratische Republik). Im Jahr 1989 demonstrierten viele Bürgerinnen und Bürger in vielen Städten der damaligen DDR, forderten mehr Freiheiten und riefen „Wir sind das Volk!". Der Fall der Berliner Mauer am 09. November 1989 bedeutete das Ende der DDR, und bis dahin waren die Demonstrationen gewaltfrei geblieben.

G

Gleichheit Zusammen mit Freiheit und Brüderlichkeit ist Gleichheit ein großes Schlagwort der Französischen Revolution von 1789. Gleichheit ist eine Grundforderung der Demokratie, bedeutet aber nicht, dass wir alle gleich sind. Es bedeutet, dass allen Menschen die gleichen Rechte zustehen – egal, aus welchem Land wir kommen, welcher Religion wir angehören oder zu welcher sozialen Schicht wir gehören.

Gerechtigkeit Menschen möchten von anderen gerecht behandelt werden, und in einem Rechtsstaat wie Deutschland ist Gerechtigkeit das oberste Ziel. Die Verfassung und die Gesetze schreiben Regeln fest, an die sich alle Menschen halten müssen. Diese Regeln schaffen die Voraussetzung dafür, dass es zwischen allen Bürgerinnen und Bürgern möglichst gerecht zugeht. Menschen haben manchmal verschiedene Meinungen darüber, was gerecht ist und was nicht, und es ist wichtig, dass man über diese verschiedenen Meinungen spricht.

Gesellschaft In einem Staat leben viele unterschiedliche Menschen, die sich durch bestimmte Eigenschaften, Ansichten und Ziele zu Gruppen zusammengetan haben. Eine solche Gruppe ist zum Beispiel eine Schulklasse, die dasselbe Ziel hat: den Schulabschluss. Diese Gruppen gehören alle zur Gesellschaft eines Staates.

Gesetz Gesetze gibt es in vielen Bereichen unseres Lebens. An die Gesetze und Regeln, die vom Staat erlassen werden, müssen sich alle Bürgerinnen und Bürger halten, denn sie sind wichtig für ein friedliches Zusammenleben aller Menschen. Was Gesetz ist, wird bei uns vom Deutschen Bundestag und dem Bundesrat bestimmt und steht in den Gesetzesbüchern.

Grundrechte / Menschenrechte Menschenrechte sind die Rechte, die alle Menschen auf der ganzen Welt haben sollen, dazu gehören Sicherheit, Freiheit und Meinungsfreiheit. 1948 wurden diese Menschenrechte von den Vereinten Nationen aufgeschrieben. In der deutschen Verfassung heißen die Menschenrechte „Grundrechte". Obwohl Menschenrechte für alle Menschen gelten, egal in welchem Land der Erde sie leben, werden sie in vielen Ländern von der Staatsmacht ignoriert.

Grundgesetz Das „Grundgesetz" (GG) ist die Verfassung der Bundesrepublik Deutschland und gibt es seit der Staatsgründung 1949. Darin stehen die wichtigsten Regeln, die für das Zusammenleben aller Bürgerinnen und Bürger wichtig sind und an die sich alle halten müssen. Kein Gesetz, das in unserem Land gilt, darf dem Grundgesetz widersprechen, außerdem dürfen die Grundrechte niemals abgeschafft werden.

Gericht Man kann Menschen bei einem Gericht verklagen, wenn sie einem Schaden zugefügt haben. Kommt es zu einem Gerichtsverfahren, prüfen Richterinnen und Richter, was genau passiert ist, indem sie beteiligte Personen befragen und ein Urteil fällen. Diese Verhandlung nennt man Gerichtsprozess, bei dem feste Regeln eingehalten werden müssen.

Gleichberechtigung Gleichberechtigung heißt, dass alle Menschen die gleichen Rechte haben. So steht es auch in unserem Grundgesetz. Da trotzdem noch viele Menschen benachteiligt werden, gibt es viele Organisationen, die sich dafür einsetzen, dass gleiche Rechte wirklich für alle Menschen gelten.

Generation / Generationenvertrag

Das Wort „Generation" umfasst alle Menschen, die in einem bestimmten Zeitabschnitt geboren wurden. Eine Gesellschaft setzt sich aus mehreren Generationen zusammen: Großeltern, Eltern und Kinder. Der Generationenvertrag ist kein echter Vertrag, den alle Menschen unterschrieben haben, sondern ein Grundprinzip: Jede Generation kümmert sich um die älteren Generationen, wenn diese sich im Alter nicht mehr um sich selbst kümmern können. Außerdem bezahlt jede Generation die Renten der älteren Generation und kann sich im Alter darauf verlassen, dass die jüngere Generation ihre eigenen bezahlt.

Gemeinwohl Das, was für viele Menschen gut ist, wird „Gemeinwohl" genannt. Gesetze zum Beispiel sollen dem Gemeinwohl dienen und für ein friedliches Miteinander zwischen allen Bürgerinnen und Bürgern sorgen. Das Gegenteil von Gemeinwohl ist es, sich nur nach den Wünschen einzelner Menschen oder Gruppen zu richten. Oft wird darüber diskutiert, was eigentlich allen Menschen zugutekommt, und manchmal kommt es sogar zum Streit zwischen den Interessen einzelner Menschen und den Interessen des Gemeinwohls.

I

Information Eine Information ist ein Stück Wissen. Man versteht sie oft erst, wenn man den Zusammenhang kennt und weiß, wozu man sie verwenden kann. Informationen, die man in bestimmter Weise an bestimmten Stellen hinterlegt hat, nennt man auch Daten, und viele Daten zusammen können in einer Datenbank gespeichert werden. Es gibt auch Orte, die man „Information" nennt, etwa in einem Bahnhof oder die Touristinformation in einer Stadt.

K

Kommune „Kommune" ist ein anderes Wort für Gemeinde. Jeder von uns wohnt in einer solchen Kommune, denn das kann ein Dorf oder, wenn dort mehr als 5 000 Menschen wohnen, eine Stadt sein. Oft schließen sich mehrere Kommunen zusammen, weil man bestimmte Aufgaben gemeinsam besser bewältigen kann.

Klima / Wetter Die Begriffe „Wetter" und „Klima" werden oft verwechselt. Das „Wetter" beschreibt, wie es heute oder morgen draußen aussieht: sonnig, neblig oder regnerisch. Das „Klima" beschreibt, wie das Wetter über einen sehr langen Zeitraum ist, und wenn die Temperaturen sich über viele Jahre verändern, spricht man vom „Klimawandel". In den letzten Jahren wurde wegen der globalen Erwärmung viel über den Klimawandel gesprochen, da sich aufgrund von Schadstoffen in unserer Atmosphäre die Luft erwärmt hat.

Klimakonferenz / Klimaschutzabkommen Das Klima muss geschützt werden, um den Anstieg der Temperaturen zu begrenzen. Deshalb treffen sich Politikerinnen und Politiker aus vielen Ländern der Erde immer wieder zu großen Klimakonferenzen. Dort diskutieren sie, wie man das gemeinsame Ziel erreichen kann, und die dort beschlossenen Vereinbarungen nennt man „Klimaschutzabkommen". Da sich aber viele Länder nicht daran halten, gehen Menschen immer wieder für Demonstrationen auf die Straße, so auch die Bewegung „Fridays for Future".

Kinderrechte / Kinderrechtskonvention Alle Kinder auf der Welt haben Rechte, dazu gehören unter anderem das Recht auf Leben, Bildung und Meinungsfreiheit. Diese Kinderrechte stehen in der „Kinderrechtskonvention", in der sich alle Staaten der UNO (Vereinte Nationen) dazu verpflichten, sie zu schützen. Die Konvention ist sehr wichtig, denn da Kinder nicht so stark wie Erwachsene sind und sich gegen Unrecht oft nicht wehren können, brauchen sie besonderen Schutz.

M

Menschenrechte Menschenrechte sind Rechte, die alle Menschen auf der ganzen Welt haben sollen, unter anderem das Recht, in Freiheit und Sicherheit zu leben, seine Meinung sagen und seine Religion ausleben zu können. Die Vereinten Nationen haben diese Menschenrechte 1948 aufgeschrieben, in der deutschen Verfassung heißen sie „Grundrechte". Da Menschenrechte in vielen Ländern der Welt von der Staatsmacht missachtet werden, müssen wir weiterhin dafür kämpfen, dass sie geachtet werden.

Menschenwürde Kein Mensch ist weniger wert als andere Menschen. Egal, wo er herkommt, welches Geschlecht oder welche Religion er hat – es ist sogar egal, welche Taten er begangen hat. Menschenwürde, die sich aus unserem Menschsein ableitet, muss geschützt werden, weshalb sie schon im ersten Satz unseres Grundgesetzes festgeschrieben ist: „Die Würde des Menschen ist unantastbar. Sie zu achten und zu schützen ist Verpflichtung aller staatlichen Gewalt."

Minister/in Ministerinnen und Minister gehören zu einer Regierung und werden von der Bundeskanzlerin oder dem Bundeskanzler vorgeschlagen. Jede Ministerin und jeder Minister leitet ein Ministerium, das für einen bestimmten Arbeitsbereich zuständig ist. Diesen Bereich nennt man auch oft „Ressort". Ministerinnen und Minister können zurücktreten, wenn er oder sie etwas falsch gemacht hat oder nicht mit der Politik der Regierung einverstanden ist.

Moral Als Moral werden die Werte und Regeln bezeichnet, die in einer Gesellschaft allgemein anerkannt sind. Wenn man sagt, jemand hat „moralisch" gehandelt, meint man damit, dass er sich so verhalten hat, wie es die Menschen richtig finden. Dabei geht es oft darum, wie man mit seinen Mitmenschen umgeht: Hilft man zum Beispiel Menschen, die gemobbt werden?

Mut Jeder Mensch hat Angst vor bestimmten Dingen. Mut gibt uns die Kraft, Dinge zu schaffen, obwohl wir eigentlich Angst vor ihnen haben. Hat man den Mut, seine Angst zu überwinden, kann man sehr stolz darauf sein. Und das Beste daran ist, dass unser Mut mit jeder Überwindung ein bisschen größer wird.

Mitbestimmung Bei Mitbestimmung geht es immer darum, bei Entscheidungen mitzuwirken und mitzubestimmen. In der Schule wird eine Klassensprecherin gewählt, die die Interessen der Klasse vertritt. Im Arbeitsleben wählen Angestellte sogenannte Betriebs- oder Personalräte, die die Interessen der Angestellten gegenüber der Leitung einer Firma oder Behörde vertreten.

N

Nachhaltigkeit Von Nachhaltigkeit spricht man oft beim Naturschutz und in der Umweltpolitik. Ursprünglich bedeutete der Begriff, dass man nicht mehr ernten sollte, als in der Natur nachwachsen kann. Heutzutage ist gemeint, dass wir aufpassen müssen, dass unsere Umwelt nicht durch Fabrikabgase oder Schmutzwasser geschädigt wird und wir die Ressourcen der Erde nicht verschwenden. Daher machen sich auf der ganzen Welt Menschen Gedanken darüber, wie sie unsere Erde schützen können.

P

Parlament Das Parlament ist die gewählte Volksvertretung eines Landes und heißt bei uns Deutscher Bundestag. Dort sitzen die Abgeordneten, die man auch Volksvertreterinnen und Volksvertreter nennt, und diskutieren über neue Gesetze. Deshalb wird das Parlament auch „gesetzgebende Versammlung" oder „Legislative" genannt. Auch die Kontrolle der Regierung ist eine wichtige Aufgabe des Parlaments.

Partei In einer Partei schließen sich Menschen zusammen, die ähnliche politische Meinungen und Ziele haben. Zusammen schreiben sie diese Meinungen und Ziele in ein Parteiprogramm und versuchen, so viele Menschen wie möglich von ihrem Programm zu überzeugen. Bei Wahlen werben Parteien um die Stimmen der Wählerinnen und Wähler, denn je mehr Stimmen eine Partei erhält, desto eher kann sie später im Parlament ihre Ziele durchsetzen. Um Mitglied in einer Partei zu werden, muss man mindestens 14 oder 16 Jahre alt sein.

Pflicht Eine Pflicht ist eine Aufgabe oder Forderung, die getan werden muss und der man nicht entgehen kann. Es ist zum Beispiel eine Pflicht, sich an Gesetze zu halten. Es gibt auch Pflichten, die nur durch eine Moral vorgegeben werden, auf die sich die Gesellschaft über einen langen Zeitraum geeinigt hat.

Politik Die Politik regelt das geordnete Zusammenleben der Bürgerinnen und Bürger. Es sind viele Leute an der Politik beteiligt, zum Beispiel der Staat mit seinen Institutionen (Parlament und Regierung) oder die Bürgermeisterinnen und Bürgermeister und Verwaltungen. Auch das Handeln der Bürgerinnen und Bürger, die sich in der Gesellschaft engagieren, gehört zur Politik. Man handelt zum Beispiel politisch, wenn man an einer Demonstration teilnimmt.

R

Rassismus In der Tierwelt sind Tierarten in Tierrassen unterteilt, die bestimmte äußere Merkmale haben, die sie von anderen unterscheiden. Der von „Rasse“ abgeleitete Rassismus behauptet, dass eine bestimmte Art von Menschen, zum Beispiel Menschen mit weißer Hautfarbe, besser seien als andere Menschen. Im Laufe der Geschichte wurden solche unsinnigen Behauptungen sogar als angebliche wissenschaftliche Lehre verbreitet. Während der Zeit des Nationalsozialismus wurde so die Ermordung von Millionen von Menschen gerechtfertigt, in demokratischen Gesellschaften hat Rassismus allerdings keinen Platz.

Rechtsstaat „Rechtsstaat“ ist die Bezeichnung für einen Staat, in dem alles, was er tut, nach den Regeln der Verfassung und den geltenden Gesetzen erfolgen muss. In Deutschland ist das Grundgesetz unsere Verfassung und das wichtigste Regelbuch. Bürgerinnen und Bürger sollen sich in einem Rechtsstaat darauf verlassen können, dass ihre Rechte vom Staat geschützt werden. Der Gegensatz zum Rechtsstaat ist ein Polizeistaat oder eine Diktatur.

Regierung / Bundesregierung Die Regierung leitet den Staat. In Deutschland heißt die Regierung „Bundesregierung“, dazu gehören die Ministerinnen und Minister und der Regierungschef, der Bundeskanzler oder die Bundeskanzlerin. Die Regierung in Berlin entscheidet, welche Politik in Deutschland gemacht werden soll, und schlägt dem Bundestag Gesetze vor. Die Regierungen der 16 deutschen Bundesländer nennt man „Landesregierungen“, sie sind nur für das jeweilige Bundesland zuständig.

S

Staat Ein Staat ist eine Vereinigung vieler Menschen, die in einem abgegrenzten Gebiet leben. Jeder Staat hat Grenzen, eine Regierung, Gesetze und bestimmt selbst, nach welchen Regeln er regiert wird. Unser Staat Deutschland ist zum Beispiel eine Demokratie. Bürgerinnen und Bürger eines Staates sind durch die gleiche Staatsangehörigkeit verbunden.

Sozialstaat In der deutschen Verfassung, dem Grundgesetz, sind nicht nur die politischen Rechte und Freiheiten aller Bürgerinnen und Bürger garantiert. Der Staat verpflichtet sich auch, ihnen soziale Gerechtigkeit zu gewährleisten, weshalb Deutschland nicht nur ein Rechtsstaat, sondern ein sozialer Rechtsstaat ist. In einem solchen „Sozialstaat“ soll niemand allein gelassen werden, wenn er oder sie durch schwierige Umstände (z. B. Krankheit) in Not geraten ist. Der Staat unterstützt die Personen durch die Sozialhilfe mit dem Nötigsten, eine solche Politik nennt man „Sozialpolitik“.

Sozialversicherung Die Sozialversicherung umfasst fünf Versicherungen, die vom Gesetz vorgeschrieben sind: Pflegeversicherung, Unfallversicherung, Rentenversicherung, Krankenversicherung und Arbeitslosenversicherung. Sie sollen die Arbeitnehmerinnen und Arbeitnehmer vor den Folgen von Krankheit, Alter oder Arbeitslosigkeit schützen. Alle Arbeitnehmerinnen und Arbeitnehmer müssen monatlich einen Betrag in diese Versicherungen einzahlen, den anderen Teil zahlen die Arbeitgeber. Nur die Beiträge der Pflegeversicherung zahlt der Arbeitgeber allein.

Sklaverei / Sklavenhandel Wenn ein Mensch zum Eigentum eines anderen Menschen ohne eigene Rechte wird, nennt man das Sklaverei. Im alten Ägypten, antiken Griechenland und Römischen Reich mussten Sklaven niedrige und besonders harte Arbeiten übernehmen. Zu Zeiten des Kolonialismus gab es einen großen Menschenhandel zwischen Europa, Afrika und Amerika, denn mit diesem Verbrechen konnte man viel Geld verdienen. Obwohl Sklaverei durch die Menschenrechtskonvention der UNO 1948 weltweit verboten wurde, gibt es bis heute in manchen Ländern sklavenähnliche Abhängigkeiten wie Kinderarbeit.

Solidarität Solidarität bedeutet, dass man sich gegenseitig hilft, unterstützt und sich „solidarisch" zeigt, wenn eine andere Person oder Gruppe es dringend benötigt. In der christlichen Religion heißt die Solidarität mit den Armen „Nächstenliebe".
Es gibt viele Menschen, die jeden Tag Solidarität brauchen: z. B. Minderheiten und Randgruppen, die in einer Gesellschaft benachteiligt werden, oder Menschen, die auf der Flucht sind, weil sie verfolgt werden. Ihnen muss als Zeichen der Solidarität Asyl gewährt werden.

Selbstverpflichtung Wenn sich die Wirtschaft gegenüber dem Staat verpflichtet, freiwillig auf ein Ziel hinzuarbeiten, ist das Selbstverpflichtung. Da dies freiwillig gemacht wird, verzichtet der Staat auf eine gesetzliche Vorgabe. Selbstverpflichtungen werden in vielen verschiedenen Bereichen eingesetzt, am häufigsten im Bereich der Umweltpolitik. 2016 haben sich zum Beispiel 260 Unternehmen verpflichtet, innerhalb von zwei Jahren 80% der Tragetaschen aus Kunststoff kostenpflichtig zu machen.

T

Tapferkeit Wenn man in einer schwierigen Situation trotz einiger Rückschläge durchhält und weitermacht, ist man tapfer. Oft kämpft man für übergeordnete Werte, weshalb man so lange durchhält. Zum Beispiel wenn man sich weiter zur Wehr setzt oder weiter versucht, jemandem zu helfen.

Toleranz Menschen sind tolerant, wenn sie andere Meinungen, Anschauungen und Haltungen neben ihren eigenen akzeptieren. In einer Demokratie ist es elementar wichtig, unterschiedliche Meinungen zu achten, zum Beispiel dass Menschen anders leben, eine andere Religion haben oder andere Musik hören. Wenn man allerdings gegen das Gesetz verstößt, gibt es keine Toleranz mehr, denn Toleranz hat Grenzen. Das Gegenteil von Toleranz ist Intoleranz.

V

Vereinte Nationen Die „Vereinten Nationen" sind eine Weltorganisation und werden im Englischen mit UNO („United Nations Organization") abgekürzt. Fast alle Staaten dieser Erde sind Mitglieder. Die UNO möchte für mehr Frieden auf der Welt sorgen und versucht, zwischen Staaten zu vermitteln, wenn es Streit gibt. Sie kümmert sich außerdem um die Menschenrechte, den Schutz der Kinderrechte und hat viele Unterorganisationen gegründet, unter anderem das Weltkinderhilfswerk UNICEF und die UNESCO.

Verfassung Eine Verfassung ist sehr wichtig für einen Staat, denn dort ist geregelt, wie er aufgebaut ist und welches politische System er hat. In der deutschen Verfassung, dem „Grundgesetz", ist zum Beispiel festgelegt, dass Deutschland eine Demokratie ist. Außerdem stehen dort alle Rechte, die die Menschen haben, damit sie frei leben und arbeiten können. Diese Rechte nennt man Grundrechte, und kein anderes Gesetz darf den Bestimmungen dieser Grundordnung widersprechen.

W

Wahlen Bei Wahlen wählen Bürgerinnen und Bürger Personen und Parteien, von denen sie für vier Jahre im Parlament vertreten werden möchten. In einer Demokratie müssen Wahlen regelmäßig stattfinden und nach fairen Regeln ablaufen. Im deutschen Grundgesetz steht, welche Regeln befolgt werden müssen, zum Beispiel muss jede und jeder ohne Zwang von außen frei wählen können. Die Wahl muss außerdem geheim sein.

Wahlrecht Bei Bundestagswahlen darf man mit der Volljährigkeit ab 18 Jahren wählen, hat also das „Wahlrecht". Das Alter für Kommunal- und Landtagswahlen ist je nach Bundesland niedriger. Man unterscheidet zwischen „aktivem" Wahlrecht, wenn man jemanden wählt, der einen vertreten soll, und „passivem" Wahlrecht, wenn man kandidiert, um selbst gewählt zu werden. Das Wahlrecht gibt es in Deutschland seit 1871 für Männer, für Frauen erst seit 1918.

Z

Zivilcourage Für Schwächere einzustehen und ihnen zu helfen, wenn sie zum Beispiel angegriffen werden, ist Zivilcourage. „Zivil" stammt aus dem Lateinischen und heißt „bürgerlich", „Courage" ist Französisch und bedeutet „Mut". Es braucht Mut, um dazwischenzugehen, und es kann beängstigend sein, jemandem als einzige Person zu helfen, wenn andere nur danebenstehen. Aber oft muss nur eine Person den Anfang machen, damit auch andere sich trauen zu helfen.

WER HAT DAS BUCH GEMACHT?

Ulrich Wickert,
geboren 1942 in Tokio, ist einer der bekanntesten Journalisten und Autoren Deutschlands. Er machte sich mit kritischen Beiträgen beim Magazin MONITOR einen Namen und berichtete für die ARD aus Washington, New York und Paris, moderierte danach 15 Jahre lang die Tagesthemen. Er hat nicht nur zahlreiche Sachbuch-Bestseller und Kriminalromane geschrieben, sondern auch das Kinderbuch „Ritter Otto …“.

www.ulrichwickert.de

Ariane Heimbach,
geboren 1965, hat in Perugia und Paris gelebt, Germanistik in Hamburg studiert und danach ein Zeitungsvolontariat beim Deutschen Allgemeinen Sonntagsblatt gemacht. Sie arbeitet als Redakteurin – früher bei Chrismon und Brigitte Woman, heute bei Brigitte – und als freie Journalistin für verschiedene Magazine.

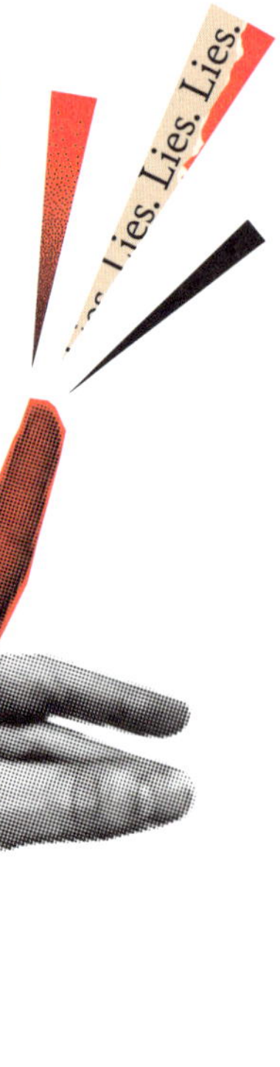

Die 12. Klasse
mit dem Profil MING (Mensch in Natur und Gesellschaft) der Max Brauer Schule in Hamburg hat mit tollen Ideen, Diskussionen, eigenen Texten und Interviews zu dem Buch beigetragen. Das sind: **Hanen Albakoush, Zoe Berenberg, Mitan Bingöllü, Moritz Bubelach, Tim Burlak, Piet Eberhardt, Ben Egner, Karl Elwart, Carl Freter, Arved Fröhlich, Cem Hasanbeyoglu, Pauline Houben, Jon Jaspert, Josse Jebens, Jesaja Kern, Joscha Kotek, Lino Luttmer, Luis Nickel, David Sauerwein, Samuel Walker, Zora von der Wehl** – und die Lehrerin **Nele Haelbich.**

HanisauLand
ist ein Webcomic der Bundeszentrale für politische Bildung. Der Comic beschreibt eine fiktive Welt, in der Hasen, Nilpferde und Wildsauen versuchen, eine Demokratie aufzubauen. So erklärt sich auch der Name Hanisauland, in dem „Ha“ für Hasen, „ni“ für Nilpferde und „sau“ für die Wildsäue steht. Auf der interaktiven Website gibt es außerdem Informationen zur politischen Bildung von Kindern und ein Lexikon. Wer weitere Fragen hat, kann sie dort stellen und bekommt ziemlich schnell eine Antwort.

www.hanisauland.de

HIER KANN SICH JEDER EINMISCHEN IN POLITIK UND GESELLSCHAFT:

Allgemeiner Deutscher Fahrrad-Club
adfc.de

Amnesty International
amnesty.de

Arbeiterwohlfahrt
awo.org

Bündnis 90/ Die Grünen
gruene.de

Bund der Pfadfinderinnen und Pfadfinder e. V.
pfadfinden.de

Bund für Umwelt und Naturschutz
bund.net

Bundesfreiwilligen-dienst
bundesfreiwilligen-dienst.de

Christlich Demo-kratische Union Deutschlands
cdu.de

Der Kinder-schutzbund
kinderschutzbund.de

Deutscher Bundesjugendring
dbjr.de

Deutscher Caritasverband e. V.
caritas.de

Deutsches Rotes Kreuz (DRK)
drk.de

Diakonie Deutschland
diakonie.de

Freie Demokraten
fdp.de

Freie Wähler Bundesvereinigung
freiewaehler.eu

Fridays for Future
fridaysforfuture.de

Greenepeace e. V.
greenpeace.de

Malteser Hilfsdienst e. V.
malteser.de

Paritätischer Wohl-fahrtsverband e. V.
der-paritaetische.de

Partei DIE LINKE
die-linke.de

Piratenpartei Deutschland
piratenpartei.de

Sozialdemokra-tische Partei Deutschlands
spd.de

Bildnachweise

Fotos

Umschlag: privat 2x, wikipedia, shutterstock 6x / Innenteil: Shutterstock 11, 18, 18, 18, 27, 33, 33, 33, 33, 33, 34, 39, 39, 39, 46, 46, 46, 52, 52, 63, 92, 93, 93, 93 Wikipedia 23,23,23, 31, 31, 62, 62, 69, 70, 70, 70, 70, 70, 75, 75, 80, 82, 89, 96 Imago: 71 privat 18, 19, 41, 46, 48, 52, 55, 62, 64, 83, 99, 102, 107 dpa picture alliance / Alamy Stock Foto: 99

Cartoons

14: Freimut Wössner toonpool.com / 15: Mario Lars Schulzenhof.com / 16: Karsten Schley toonpoo.com / 29: Renate Alf renatealf.de 31: Karsten Schley toonpool.com / 38: Oli Hilbring Lappan Verlag / 53: Jan Tomaschoff toonpool.com / 61 oben rechts: Harm Bengen toonpool.com / 61 oben links: Katharina Greve Lappan Verlag / 61 unten: ©TOM Lappan Verlag / 63: Martin Erl toonpool.com / 67: Medi Learn Cartoons medi-learn.de / 75: Gerhard Mester mester-karikaturen.de / 86: Renate Alf renatealf.de / 87: Denis Metz Lappan Verlag / 101: Tim Oliver Feicke Lappan Verlag / 106: Peter Baldus peter-baldus.eu / 113: Mario Lars Schulzenhof.com

Illustrationen

Alexander von Knorre 88, 96, 97